Pensamentos sobre design

# Pensamentos sobre design

Paul Rand

Tradução de Marcelo Brandão Cipolla

*Esta obra foi publicada originalmente em inglês com o título*
*THOUGHTS ON DESIGN*
*por Chronicle Books LLC, São Francisco, Califórnia.*

*Copyright © 2011, Michael Bierut, para o texto*
*Copyright © 2011, Paul Rand, para as imagens*
*Copyright © 2015, EDITORA WMF MARTINS FONTES LTDA.,*
*São Paulo, para a presente edição.*

*Todos os direitos reservados. Este livro não pode ser reproduzido, no todo ou em parte, armazenado em sistemas eletrônicos recuperáveis nem transmitido por nenhuma forma ou meio eletrônico, mecânico ou outros, sem a prévia autorização por escrito do editor.*

1ª **edição** *2015*
2ª **tiragem** *2020*

**Tradução**
*Marcelo Brandão Cipolla*
**Acompanhamento editorial**
*Célia Euvaldo*
**Revisões**
*Maria Cecilia Pommella Bassarani*
*Fernanda Lobo*
**Edição de arte**
*Katia Harumi Terasaka*
**Produção gráfica**
*Geraldo Alves*
**Paginação**
*Moacir Katsumi Matsusaki*

**Dados Internacionais de Catalogação na Publicação (CIP)**
**(Câmara Brasileira do Livro, SP, Brasil)**

Rand Paul, 1914-1996.
    Pensamentos sobre design / Paulo Rand ; tradução de Marcelo Brandão Cipolla.
– São Paulo : Editora WMF Martins Fontes, 2015.

    Título original: Thoughts on design.
    ISBN 978-85-7827-970-7

    1. Arte comercial 2. desenho 3. Design I. Título.

15-05150                                                                       CDD-659.132

**Índices para catálogo sistemático:**
1. Design : Propaganda    659.132

*Todos os direitos desta edição reservados à*
**Editora WMF Martins Fontes Ltda.**
*Rua Prof. Laerte Ramos de Carvalho, 133  01325-030  São Paulo  SP  Brasil*
*Tel. (11) 3293-8150*
*e-mail: info@wmfmartinsfontes.com.br*
*http://www.wmfmartinsfontes.com.br*

Sumário

| | |
|---|---|
| Prefácio à nova edição | 6 |
| Prefácio à terceira edição | 7 |
| Prefácio à primeira edição | 8 |
| | |
| O belo e o útil | 9 |
| O problema do designer | 11 |
| | |
| O símbolo na publicidade | 13 |
| Versatilidade do símbolo | 18 |
| O papel do humor | 22 |
| A imaginação e a imagem | 36 |
| | |
| Participação do leitor | 48 |
| Ontem e hoje | 74 |
| Forma e expressão tipográfica | 76 |

## Prefácio à nova edição

Em 1947, quando se sentou para escrever o livro que acabaria se tornando *Pensamentos sobre design*, Paul Rand tinha 33 anos de idade. Esse designer autodidata, nascido e criado no Brooklyn com o nome de Peretz Rosenbaum, já era uma sensação. Havia apenas seis anos que tinha sido nomeado diretor de arte da nova agência William H. Weintraub & Co., e nesse breve período já recebera o crédito por ter revolucionado o mundo estereotipado e conservador da Avenida Madison, introduzindo nele a revigorante clareza do modernismo europeu. Sua assinatura aparecia em capas de livros, pôsteres e anúncios publicitários.

Ele era jovem. Os logotipos que haveria de criar para a IBM, a Westinghouse e a ABC – e que seriam todos incorporados às edições subsequentes do livro – ainda não existiam. Tampouco havia ele sido aceito no Hall da Fama do Clube dos Diretores de Arte, recebido a Medalha do Instituto Americano de Artes Gráficas (Aiga), obtido uma posição no corpo docente da Escola de Artes de Yale e merecido todos os prêmios e aplausos que, até a época de sua morte, em 1996, viriam a confirmá-lo como o maior designer dos Estados Unidos. Talvez 33 anos seja pouca idade para se publicar um livro, mas Rand estava preparado.

Paul Rand sempre admitiu que não se sentia seguro como escritor. O que garantiu a eficácia dos seus escritos foi sua paixão pelo tema – o poder do design e sua capacidade de acrescentar beleza, inteligência e bom humor à vida cotidiana. Na sua atividade profissional na Avenida Madison, ele aprendera as virtudes de falar pouco para dizer muito. Em consequência disso, *Pensamentos sobre design* é quase tão simples quanto um livro infantil: frases curtas e claras, ilustrações vívidas e divertidas. Aparentemente, não passa de um manual prático ilustrado com exemplos tirados do portfólio do próprio designer; na realidade, contudo, *Pensamentos sobre design* é um manifesto, um chamado às armas e uma definição em alto e bom som daquilo que faz a boa qualidade do design.

Michael Bierut, Nova York,
2014

Prefácio
à terceira edição

O autor fez certas emendas a esta edição de *Pensamentos sobre design*. Entretanto, elas não alteram substancialmente suas ideias ou intenções originais. Foi para clarear as ideias e enriquecer visualmente o livro que parte do texto foi revisada e certas ilustrações foram substituídas.

Quando este livro foi escrito, a intenção do autor era demonstrar a validade daqueles princípios que, de maneira geral, haviam orientado os artistas (designers) desde a época de Policleto. O autor acredita que é somente por meio da aplicação desses princípios atemporais que o artista pode alcançar pelo menos uma aparência de qualidade em suas obras ou entender a natureza transitória das coisas que "estão na moda". O que ele quer sublinhar, especialmente para alunos e designers que cresceram no mundo da arte pop e do minimalismo, é a perene pertinência desses princípios.

O autor é grato a todos os anunciantes, editores e empresários que lhe deram a oportunidade de criar os objetos visuais apresentados neste volume. Também deseja expressar sua gratidão aos linotipistas e leitores de provas por sua ajuda, bem como à editora por viabilizar uma nova edição deste livro.

P. R., Weston, Connecticut,
janeiro de 1970

Prefácio
à primeira edição

Este livro procura dispor numa ordem mais ou menos lógica certos princípios que regem o design publicitário contemporâneo. As imagens que ilustram esses exemplos são de obras de cuja feitura participei diretamente. Essa opção foi deliberada e não tem a intenção de representar as melhores traduções visuais desses princípios. Há artistas e designers extremamente talentosos cujas obras talvez fossem mais adequadas. No entanto, não me considero autorizado a falar em nome deles nem me sinto seguro o suficiente para procurar explicar suas obras sem correr o risco de fornecer interpretações errôneas. Isto não significa que o livro resulte exclusivamente dos meus esforços. Pelo contrário, muita gente – pintores, arquitetos e designers do passado e do presente – colaborou para me ensinar as mais diversas teorias e conceitos. Vários filósofos e escritores, sobretudo John Dewey e Roger Fry, ajudaram a cristalizar meus pensamentos sobre o tema e a acelerar o pouco progresso que fiz. É para tentar pagar essa dívida que cito alguns deles.

P. R., Nova York,
janeiro de 1946

## O belo e o útil

O design gráfico –
que supre necessidades estéticas,
obedece às leis da forma
e às exigências do espaço bidimensional;
que fala na língua das semióticas, das letras sem serifa
e da geometria;
que abstrai, transforma, traduz,
gira, dilata, repete, espelha,
agrupa e reagrupa –
não será bom
se não tiver nada a dizer.

O design gráfico –
que evoca as simetrias de Vitrúvio,
a simetria dinâmica de Hambidge,
a assimetria de Mondrian;
que tem uma boa gestalt;
que é gerado pela intuição ou pelo computador,
pela invenção ou por um sistema de coordenadas –
não será bom
se não atuar
como instrumento
a serviço da comunicação.

Qualquer tipo de comunicação visual, persuasiva ou informativa, desde outdoors até anúncios de nascimento, deve ser vista como algo que incorpora forma e função, como uma integração entre o belo e o útil. Numa peça publicitária, o texto, a arte e a tipografia são vistos como uma entidade viva; cada elemento está em harmonia com o todo, tem uma relação integral com a execução da ideia. O designer, como um malabarista, demonstra suas habilidades manipulando esses ingredientes dentro de um espaço limitado. Quer esse espaço tome a forma de propagandas, periódicos, livros, formulários impressos, embalagens, produtos industriais, sinalização ou imagens para exibição em televisão, os critérios são os mesmos.

Já se demonstrou reiteradamente que a separação entre forma e função, entre conceito e execução, não tende a produzir objetos de grande valor estético. Do mesmo modo, já se demonstrou que um sistema que não dá importância à estética, que separa o artista de seu produto, que fragmenta o trabalho do indivíduo, que cria por comitê e que faz picadinho do processo criativo resulta, em longo prazo, num aviltamento não só do produto, mas também de seu criador.

John Dewey, comentando a relação entre as belas artes e as artes úteis ou técnicas, diz: "Infelizmente, é fato que muitos objetos e utensílios atualmente criados para serem úteis não são genuinamente estéticos. Mas as razões desse fato são estranhas à relação propriamente dita entre o 'belo' e o 'útil'. Onde quer que a situação impeça que o ato de produção seja uma experiência em que a criatura esteja viva por inteiro e possua o seu viver por meio do gozo, faltará ao produto algum grau de estética. Por mais útil que esse produto seja para fins especiais e limitados, ele não será útil no grau máximo – aquele grau em que poderia contribuir direta e generosamente para alargar e enriquecer a vida."[1]

1. John Dewey, *Art as Experience*, "Ethereal Things", p. 26. [Trad. bras. *Arte como experiência*, São Paulo, Martins Fontes, 2012.]

As exigências estéticas a que Dewey se refere me parecem exemplificar-se nas obras dos *Shakers*. Suas crenças religiosas proporcionaram um solo fértil onde a beleza e a utilidade puderam florescer. Suas necessidades espirituais encontraram expressão no design de tecidos, móveis e utensílios de grande valor estético. Esses produtos são um retrato da vida simples dessas pessoas, da sua ascese, da sua temperança, da sua devoção ao bom artesanato e do seu senso de proporção, espaço e ordem.

Idealmente, a beleza e a utilidade geram uma à outra. No passado, a beleza quase nunca era vista como um fim em si mesma. Os magníficos vitrais de Chartres não eram menos utilitários que o Partenon ou a Pirâmide de Quéops. A função dos ornamentos exteriores das catedrais góticas era a de convidar as pessoas a entrar; lá dentro, as rosáceas davam o tom espiritual. Interpretada à luz das nossas próprias experiências, essa filosofia ainda prevalece.

Partenon, Atenas
447-432 a.C.

O problema do designer

Uma das concepções errôneas sobre a função do designer é a de imaginar que, a fim de produzir um "bom leiaute"[1], basta que ele organize de modo agradável uma miscelânea de elementos. Está implícita aí a noção de que, para isso, basta que ele brinque um pouco com esses elementos até que alguma coisa aconteça. Esse procedimento acarreta, na melhor das hipóteses, a incerteza da tentativa e erro, que consome tempo; na pior, acarreta uma indiferença ao planejamento, à ordem ou à disciplina.

O designer, via de regra, não parte de uma ideia preconcebida. Ao contrário, a ideia é (ou deveria ser) o resultado de uma observação e um estudo cuidadosos, e o design é (ou deveria ser) um produto dessa ideia. A fim de chegar a uma solução eficaz para esse problema, portanto, o designer deve necessariamente seguir algum tipo de processo mental[2]. Conscientemente ou não, ele analisa, interpreta, formula. Tem ciência dos desenvolvimentos científicos e tecnológicos na sua área e em áreas correlatas. Improvisa, inventa ou descobre novas técnicas e combinações. Coordena e integra seu material para poder reformular seu problema em termos de ideias, sinais, símbolos, imagens. Unifica, simplifica e elimina o supérfluo. Cria símbolos – por meio de associações e analogias, faz abstrações a partir do seu material. Intensifica e reforça seu símbolo com acessórios apropriados a fim de garantir a clareza e o interesse. Recorre ao instinto e à intuição. Põe-se no lugar do espectador e leva em conta seus sentimentos e suas predileções.

O designer se vê primariamente diante de três categorias de material: (a) o material dado: produto, texto, slogan, logotipo, formato, mídia, processo de produção; (b) o material formal: espaço, contraste, proporção, harmonia, ritmo, repetição, linha, massa, forma, cor, peso, volume, valor, textura; (c) o material psicológico: a percepção visual e os problemas de ilusão de óptica, os instintos, intuições e emoções do espectador e, não menos, as necessidades do próprio designer.

Uma vez que o material fornecido é muitas vezes insuficiente, vago, desinteressante ou, por alguma outra razão, não é propício à interpretação visual, a tarefa do designer é recriar ou reformular o problema. Para tanto, ele às vezes terá de descartar ou revisar boa parte do material dado. Por meio da análise (redução do material complexo a seus componentes mais simples... como, por que, quando e onde), o designer é capaz de começar a formular o problema.

---

1. Emprego o termo "leiaute" porque seu uso é generalizado. Infelizmente, um leiaute costuma ser interpretado de modo depreciativo como um esboço final para uma ilustração. Eu preferiria usar o termo "composição" no mesmo sentido em que é empregado em pintura.

2. O leitor talvez queira consultar R. H. Wilenski, *The Modern Movement in Art*, onde encontrará uma descrição dos processos mentais do artista ao criar uma obra de arte.

## O símbolo na publicidade

Uma vez que a arte publicitária se dirige, no fim, ao espectador, e uma vez que a função da publicidade é influenciar esse espectador, conclui-se que o problema do designer tem dois aspectos: prever as reações do espectador e atender às suas necessidades estéticas. O designer deve, portanto, descobrir um meio de comunicação entre ele e o espectador (condição com que o pintor de cavalete não precisa se preocupar).
O problema não é simples; é sua complexidade mesma que determina a virtual solução – ou seja, a descoberta de uma imagem universalmente compreensível, que traduza ideias abstratas em formas visuais.

É em termos simbólicos e visuais que o designer finalmente vem a concretizar suas percepções e experiências; e o homem vive num mundo de símbolos. O símbolo é, portanto, a linguagem comum entre o artista e o espectador. O dicionário Webster's define o símbolo como "aquilo que representa ou sugere outra coisa em decorrência de uma relação, associação, convenção ou semelhança acidental, mas não intencional; em especial, um sinal visível de algo invisível, como uma ideia, uma qualidade ou uma totalidade (um Estado ou uma igreja, por exemplo); um emblema, como em 'o leão é o *símbolo* da coragem', 'a cruz é o *símbolo* do cristianismo'. 'Um *símbolo* é uma representação que não pretende ser uma reprodução' (Goblet d'Alvielle)".

Palavras como simplificado, estilizado, geométrico, abstrato, bidimensional, não figurativo, não mimético são associadas comumente, e às vezes de modo errôneo, com o termo *símbolo*.
É verdade que a representação dos símbolos mais característicos corresponde à imagem que essas palavras ajudam a delinear visualmente; mas não é verdade que o símbolo tem de ser simplificado (etc.) para poder ser um símbolo. O fato de alguns dos melhores símbolos serem imagens simplificadas é mero indicador da eficácia da simplicidade, e não reflete o sentido da palavra *símbolo* enquanto tal.
Em essência, o que define um símbolo não é sua aparência, mas aquilo que ele faz. Um símbolo pode tomar a aparência de uma forma "abstrata", uma figura geométrica, uma fotografia, uma ilustração, uma letra do alfabeto ou um algarismo. Assim, uma estrela de cinco pontas, a imagem de um cãozinho ouvindo a voz do dono, uma gravura em aço de George Washington, a própria Torre Eiffel – todas essas coisas são símbolos!

As instituições religiosas e seculares já demonstraram claramente o poder do símbolo como meio de comunicação. É significativo que a cruz, descontadas as suas implicações religiosas, também seja exemplo de uma forma perfeita – uma união da agressividade vertical (masculina) com a passividade horizontal (feminina). Talvez não seja descabido concluir que essas relações formais têm pelo menos algo a ver com a qualidade duradoura desse símbolo. Notemos a curiosa analogia entre o pensamento ocidental e o oriental a partir das seguintes citações. Rudolf Koch, em *O livro dos símbolos*, comenta: "Na origem da Cruz, Deus e a terra estão unidos e em harmonia [...] um signo completo evoluiu a partir de duas linhas simples. A Cruz é, de longe, o mais antigo de todos os símbolos e se encontra em toda parte, não estando especificamente ligada aos conceitos do cristianismo." No *Livro das mutações* (Zhou Yi) se declara: "A insondabilidade dos princípios masculino e feminino (yang e yin) se chama Deus." Essa concepção é ilustrada pelo símbolo do tai chi, que expressa "os dois poderes reguladores que, juntos, criam todos os fenômenos da Natureza". A essência da filosofia chinesa se revela na expressão: "Todas as coisas são produzidas pela ação dos princípios masculino e feminino."

... Nesta ilustração, a forma é intensificada por uma associação narrativa dramática. O sentido literal muda de acordo com o contexto; a qualidade formal permanece sempre a mesma.

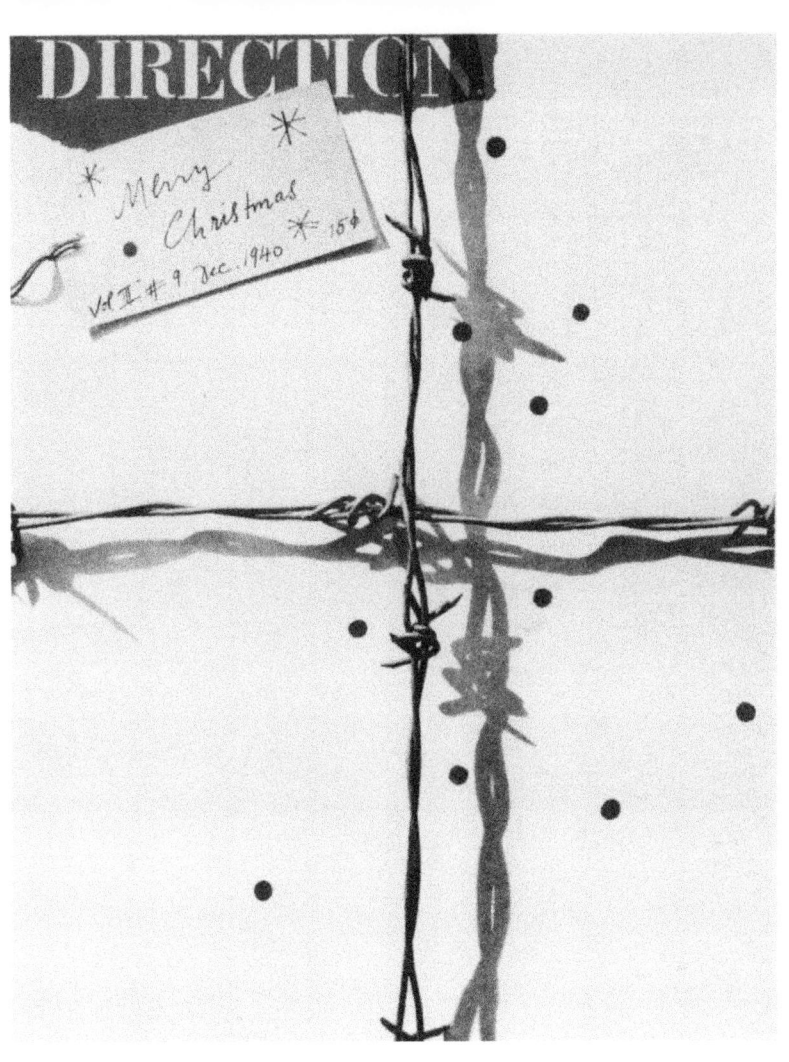

Capa de revista
vermelho e preto sobre branco
1940

a design students' guide
to the New York World's Fair
compiled for
P/M magazine . . . by Laboratory School
of Industrial Design

Capa de livreto
preto e branco
1939

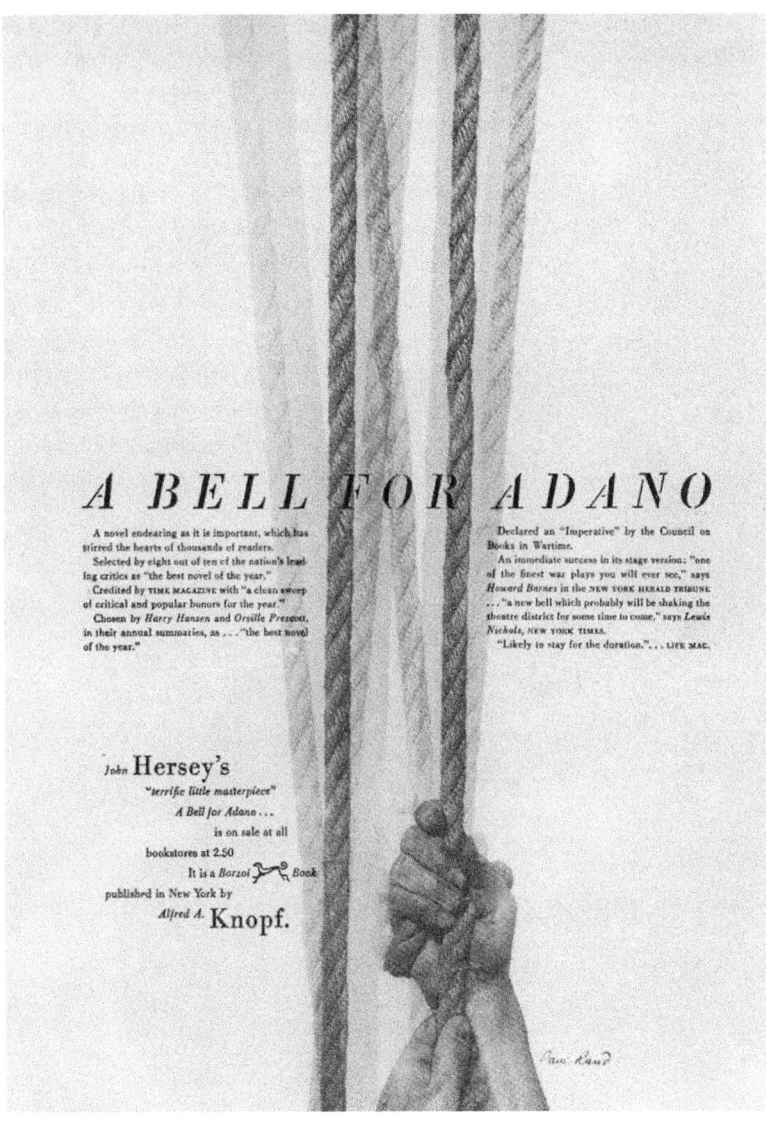

Anúncio em revista
Alfred A. Knopf
fevereiro de 1945

Versatilidade do símbolo

Cada símbolo é, em potencial, um instrumento altamente versátil, que pode ser usado para ilustrar ideias muito diferentes. Por justaposição, associação e analogia, o designer é capaz de manipulá-lo, alterar seu significado e explorar suas possibilidades visuais.

Traçando uma distinção entre o significado literal e o significado plástico das imagens, Ozenfant declara: "Toda forma tem seu modo específico de expressão (a linguagem da plástica), que é independente de seu significado puramente ideológico (a linguagem do signo)."[1] O círculo, por exemplo, na medida em que se opõe ao quadrado, evoca, enquanto forma pura, uma sensação estética específica; ideologicamente, ele é o símbolo da eternidade, sem começo nem fim. Um círculo vermelho pode ser interpretado como um símbolo do sol, como a bandeira japonesa, como um sinal de "pare", como um rinque de patinação no gelo ou como uma marca especial de café... *dependendo de seu contexto.*

1. Amédée Ozenfant, *Foundations of Modern Art*, p. 249.

Frasco de perfume,
arame de ouro e cristal
1944

Marca comercial
Colorforms
1959

Marca comercial
Consolidated Cigar Co.
1959

Marca comercial
American Broadcasting Co.
1962

Brochura
preto e amarelo, Autocar
1942

Ilustração
GHP Cigar Company
1952

## O papel do humor

As pesquisas feitas com o público leitor demonstram a força magnética do humor no campo da comunicação visual, na publicidade, no setor editorial e em mil e um problemas de design de todo tipo. Isto não se refere principalmente a propagandas com tirinhas de quadrinhos nem a piadas claras e manifestas, mas a uma variedade mais sutil de humor, que nasce do próprio design e é alcançada por meio de justaposições e associações, bem como dos tamanhos, relações, proporções, espaços e tratamentos.

A mensagem visual que pretende ser profunda ou elegante é, muitas vezes, percebida como meramente pretensiosa; e a mentalidade que encara o humor como algo trivial e efêmero vê apenas a sombra, mas não a substância. Em poucas palavras, a ideia de que uma abordagem bem humorada à comunicação visual seria indigna ou aviltante é pura bobagem. Essa concepção errônea foi desacreditada por aqueles anunciantes e publicitários que exploraram com êxito o bom humor como meio para criar uma atmosfera de confiança, boa vontade e companheirismo e para promover o modo correto de ver uma ideia ou um produto. Os comerciais de rádio e televisão deram passos imensos no uso do humor como poderoso mecanismo de vendas. Além disso, como meio auxiliar para a compreensão de problemas sérios de treinamento do povo para a guerra, como arma eficaz nos cartazes de segurança[1], para vender os bônus de guerra do governo e para reforçar o moral, o humor não foi negligenciado nem pelo Estado nem pelas agências civis durante a Segunda Guerra Mundial.

Sublinhando os efeitos profundos do entretenimento, Platão declara em *A República*: "Portanto, não useis de compulsão, mas façais com que a primeira educação seja, antes, uma espécie de diversão […]." As artes da China[2], da Índia e da Pérsia antigas refletem um espírito humorístico na concepção de máscaras, cerâmicas e pinturas. Também a publicidade norte-americana, em sua infância, demonstrava essa tendência ao bom humor: o índio da loja de charutos, o pajé. E o fato de o bom humor ser um dos produtos de um pensamento contemporâneo sério se manifesta nas pinturas e esculturas significativas da nossa época. "O verdadeiro bom humor", escreve Thomas Carlyle, "não nasce mais da cabeça que do coração; não é desprezo, mas, ao contrário, sua essência é o amor; não produz gargalhadas, mas sorrisos, que são muito mais profundos."

1. *Printers' Ink*, 28 de dezembro de 1945.

2. Roger Fry, *Transformations*, "Some Aspects of Chinese Arts", pp. 79-81.

Design para capa, vermelho e verde
American Institute of Graphic Arts
1968

Cartaz de folha única
multicolorido, Interfaith Movement
1954

Capa de revista
rosa, castanho-claro e preto
1954

Ilustração
Smith Kline & French
1945

Pôster para exposição
IBM Gallery, multicolorido
1970

Anúncio em jornal
GHP Cigar Company
1957

O tipo de humor que se expressa no "homem Dubonnet" (criado por Cassandre) é intrínseco ao próprio design. O rosto e a atitude geral "engraçados" tendem mais a *sugerir* que a *ilustrar* uma qualidade de boa convivência. Para adaptar essa figura ao público norte-americano, o problema era o de transmitir o mesmo espírito sem alterar a composição visual original.

Anúncio em revista
detalhe, Dubonnet Corporation
1942

Anúncio em revista
montagem, multicolorido
1943

# SPRING

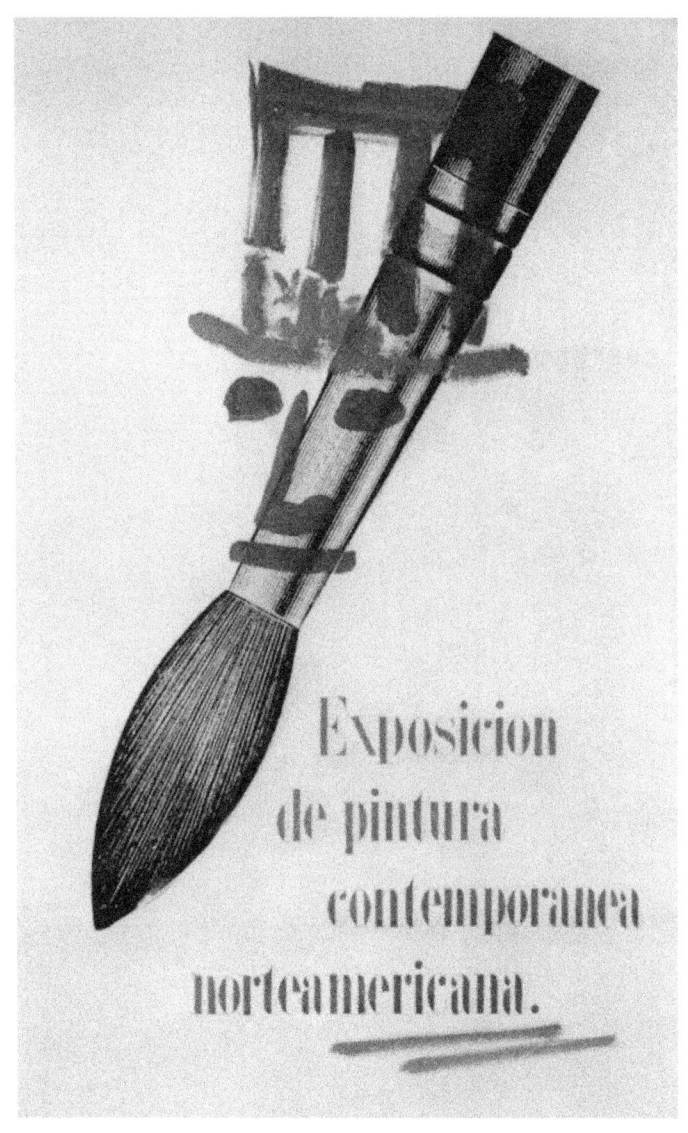

... O "trocadilho visual", que projeta graficamente um duplo sentido, pode ser divertido e, ao mesmo tempo, informativo.

Pôster, montagem em
cores, Apparel Arts.
1939

Pôster, montagem em cores
Museu de Arte Moderna
projeto, 1941

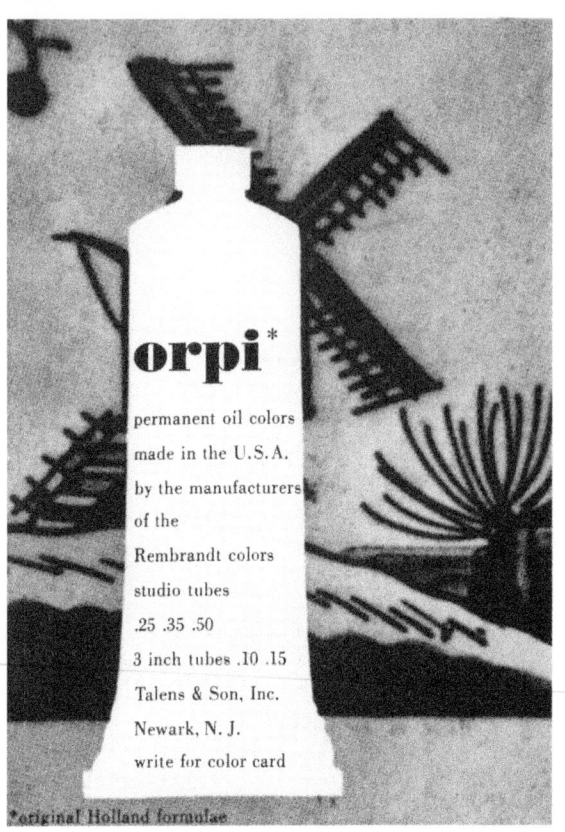

Anúncio em revista
preto e branco, Talens & Sons
1942

Design para capa
vermelho e preto
1949

The Museum of Modern Art
# Modern Art in Your Life

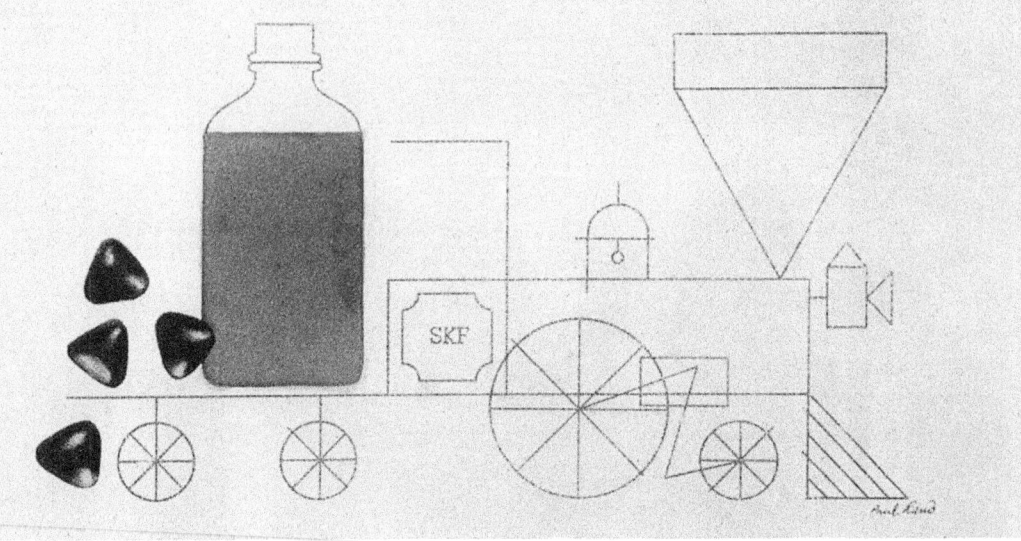

Folder, vermelho, verde, preto
Smith Kline & French
1946

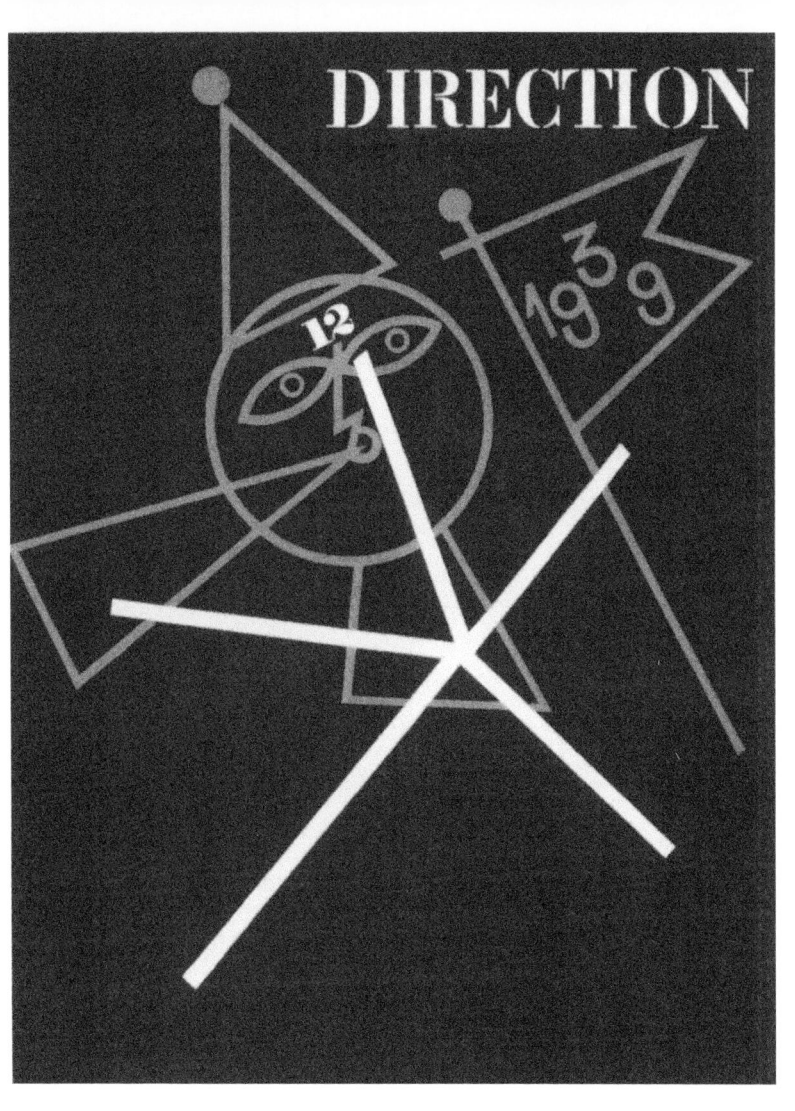

Capa
preto e branco, *Direction*
1941

Capa de revista
vermelho e verde
1939

## A imaginação e a imagem

Com frequência, as ideias batidas ou a tradução pouco imaginativa dessas ideias não resultam da pobreza do tema, mas da interpretação deficiente de um problema. Na ausência de uma solução visual interessante, o tema às vezes se torna um bode expiatório. Essas dificuldades podem surgir quando: (a) o designer interpretou uma ideia banal por meio de uma imagem banal; (b) ele não conseguiu resolver o problema de integrar forma e conteúdo; ou (c) ele não conseguiu interpretar o problema como uma organização bidimensional num espaço dado. Quando isso acontece, ele priva sua imagem visual do poder de sugerir, talvez, mais do que os olhos conseguem ver. E nega a si próprio a oportunidade de declarar algo banal de maneira não banal.

Roger Fry, comentando o problema da integração entre elementos figurativos e plásticos, declara: "Isso talvez possa nos dizer algo sobre a natureza geral das combinações de duas artes, a saber: que a cooperação é possível no mais alto grau quando nenhuma das duas é levada às suas mais plenas possibilidades de expressão, quando ambas facultam certa liberdade à imaginação, quando somos mais movidos pela sugestão que pela declaração."[1]

As declarações visuais, como aquelas ilustrações que não envolvem um juízo estético e são meras descrições literais da realidade, às vezes nem estimulam o intelecto nem primam pela distinção visual. Do mesmo modo, o uso indiscriminado de famílias tipográficas, padrões geométricos e figuras "abstratas" (geradas por computador ou desenhadas à mão) é autodestrutivo quando funciona como mero veículo de expressão individual. Por outro lado, a declaração visual que visa expressar a essência de uma ideia e que se baseia na função, na fantasia e no juízo analítico tende não somente a ser única, mas também a ser significativa e memorável.

Na prática, quando um anúncio é apresentado para ser aprovado, ele é posto numa moldura, recoberto de papel celofane e avaliado como um fragmento isolado. Nessas condições, e abstraída a existência de qualquer competição, ilustrações puramente convencionais podem dar a impressão de ser muito eficazes. No entanto, para que um anúncio seja capaz de ganhar a corrida contra a concorrência, o designer deve se afastar dos clichês visuais e oferecer uma interpretação inesperada daquilo que é banal. Ele faz isso, em parte, por meio da simplificação, da abstração, da simbolização. Se a imagem visual resultante for ambígua sob algum aspecto, ele pode suplementá-la com outra que seja

---

1. Roger Fry, *Transformations*, "Some Questions on Esthetics", p. 24.

mais claramente reconhecível. Nos exemplos seguintes, as formas abstratas e geométricas (mecanismos para capturar a atenção) tendem a predominar, ao passo que as imagens fotográficas são coadjuvantes.

Cartaz de 24 folhas
20th Century Fox
1950

Design de capa
azul, terracota, preto
1958

... Há, no entanto, casos em que imagens reconhecíveis têm expressividade plástica suficiente para tornar supérfluo o acréscimo de formas geométricas ou "abstratas".

45 years go to work **for victory**

From its very inception in 1897 every Autocar activity has trained the Company for its vital role in the war program. For 45 years without interruption it has manufactured motor vehicles exclusively, concentrating in the last decade on heavy-duty trucks of 5 tons or over. For 45 years Autocar has pioneered the way, developing many history-making "firsts" in the industry: the first porcelain spark-plug; the first American shaft-driven automobile; the first double reduction gear drive; the first circulating oil system. For 45 years Autocar insistence on mechanical perfection has wrought a tradition of precision that is honored by every one of its master workers. These are achievements that only time can win. The harvest of these years, of this vast experience, is at the service of our government. Autocar is meeting its tremendous responsibility to national defense by putting its 45 years' experience to work in helping to build for America a motorized armada such as the world has never seen.

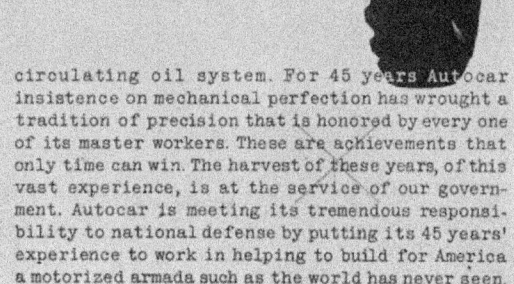

Brochura
preto e amarelo, Autocar
1942

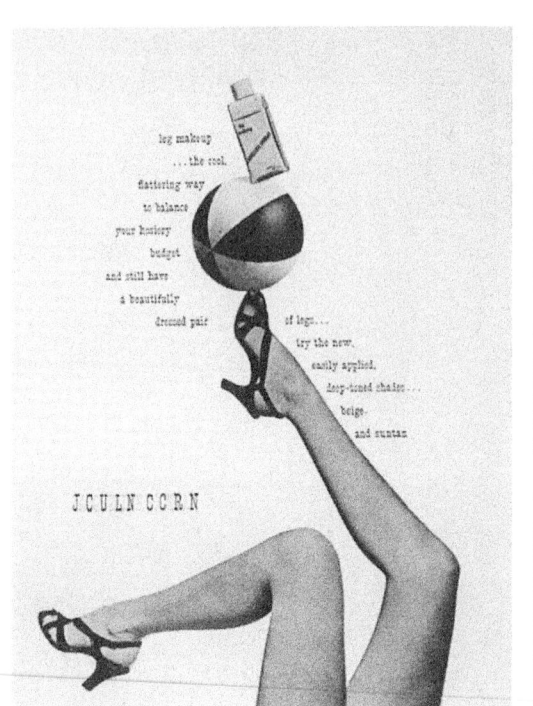

Anúncio
castanho-claro e preto, Jacqueline Cochran
1944

Capa de revista
multicolorida, Curtis Publishing Company
1956

Anúncio em jornal
preto e branco, Ohrbach's
1946

*if only you could be seen in lingerie\* from Ohrbach's!*

# Ohrbach's
14th Street facing Union Square
Newark store: Market and Halsey Streets
"A business in millions... a profit in pennies"

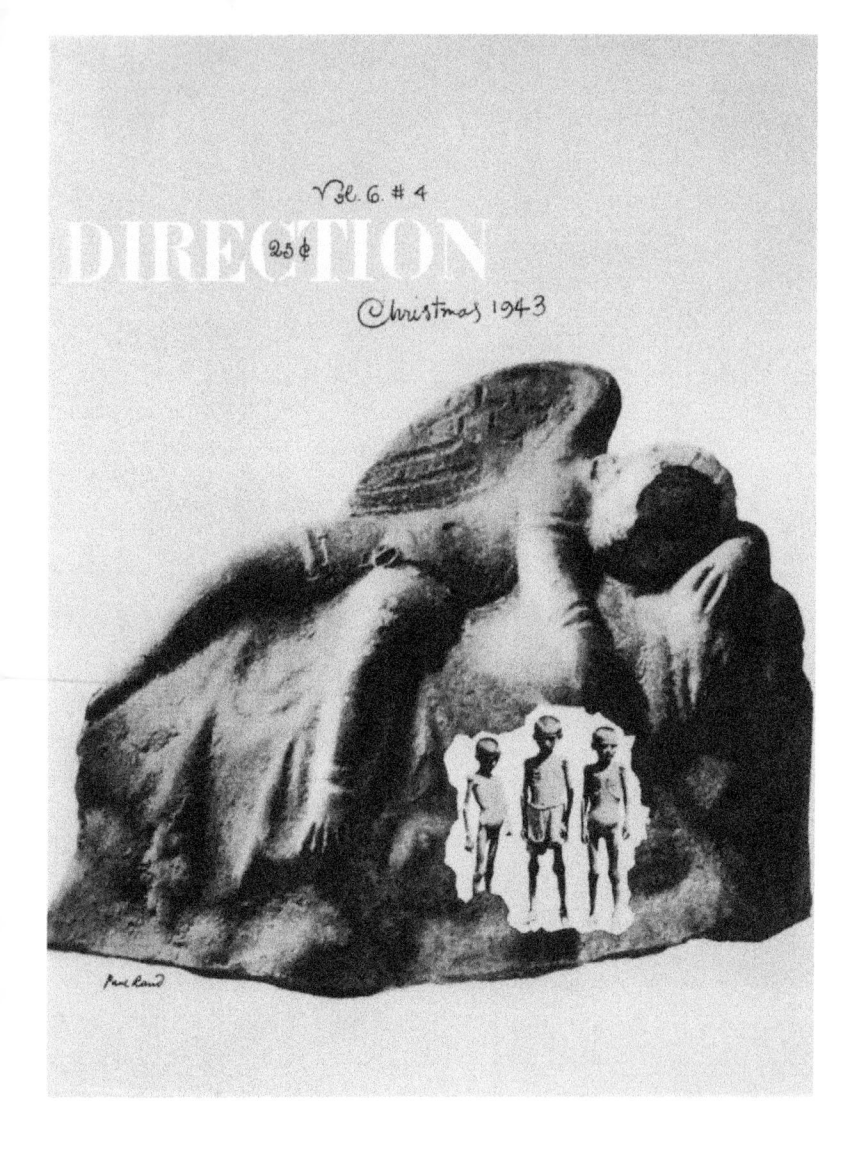

Capa de revista
rosa e verde-oliva
1943

Anúncio em revista
multicolorido, Westinghouse
1963

Capa de revista
preto e verde, *Apparel Arts*
1939

Sobrecapa de livro
Wittenborn & Schultz
1946

# Origins of Modern Sculpture

A virtude do símbolo, o fato de estar prontamente disponível, pode, em longo prazo, ser desvantajosa se ele for usado indiscriminadamente. Ele deve, portanto, ser usado de um modo tal que não diminua sua eficácia.

O que normalmente entendemos como "originalidade" depende da integração do símbolo, enquanto entidade visual, com todos os outros elementos a fim de resolver um problema particular e desempenhar uma função específica, compatível com a sua forma. Seu uso no lugar e no tempo apropriados é essencial, e seu mau uso inevitavelmente resultará em banalidade ou mera afetação. A capacidade do designer de contribuir para a eficácia do sentido básico do símbolo – por interpretação, adição, subtração, justaposição, alteração, ajuste, associação, intensificação e esclarecimento – anda de mãos dadas com as qualidades que chamamos de "originais".

Os anúncios do conhaque Coronet Brandy se baseiam num objeto comum – a taça de conhaque – que ganha vida. A retícula da garrafa de água carbonatada foi pensada para sugerir efervescência; o fundo pontilhado, por sua vez, é uma extensão visual da garrafa; o garçom é uma variação da taça de conhaque; a bandeja oval individualiza para o Coronet a bandeja de prata que costumávamos ver nas propagandas de bebidas alcoólicas.

Anúncio em revista
multicolorido, Brandy Distillers
1943

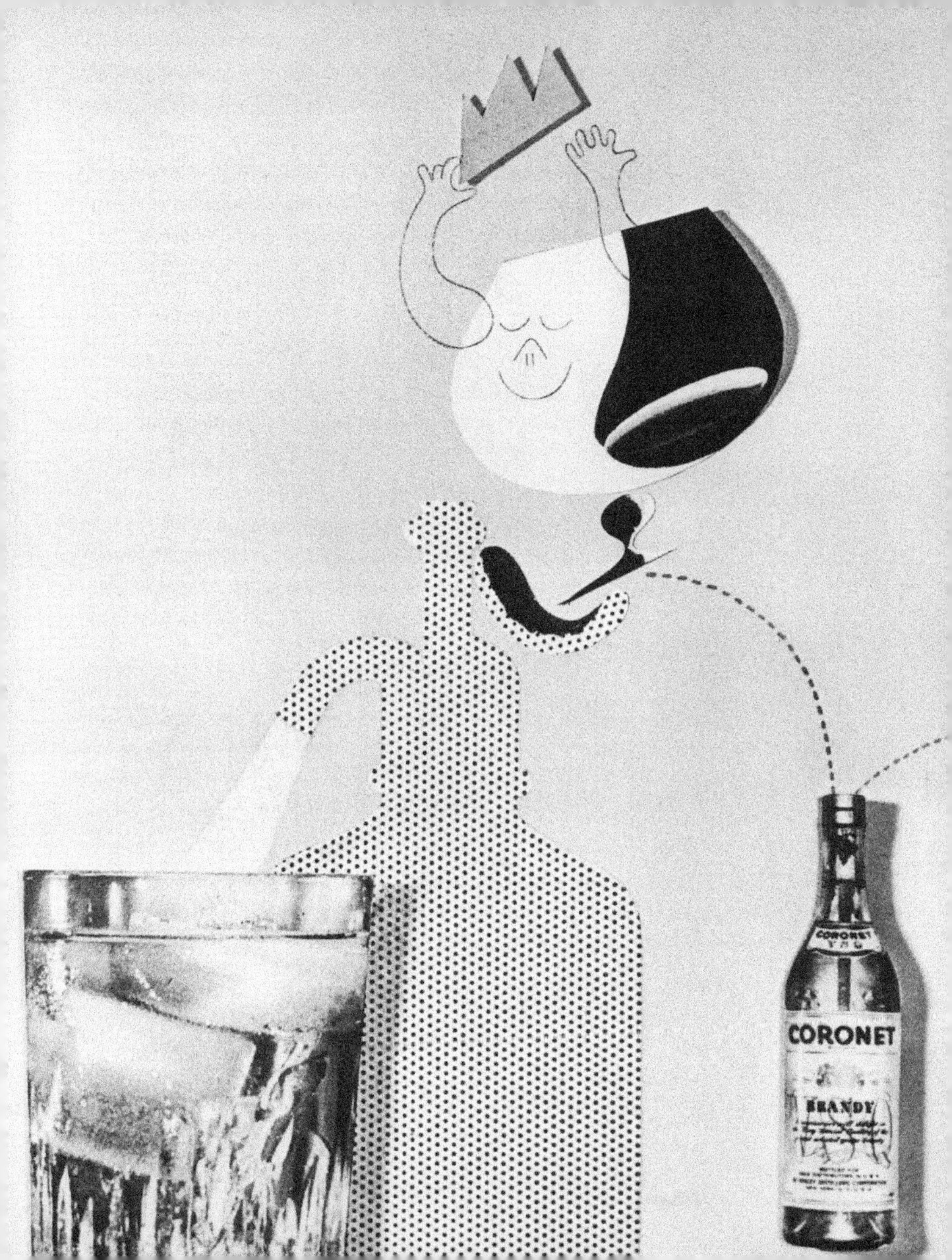
CORONET
CORONET
BRANDY

| Participação do leitor | É um truísmo a ideia de que o problema fundamental dos anunciantes e das editoras é introduzir uma mensagem na mente do leitor. As imagens banais e as visualizações pouco imaginativas não dão motivos ao espectador para que ele se envolva com o produto oferecido pelo anunciante. As empresas que anunciam no rádio e na televisão, e que portanto usam mídias mediante as quais é possível fazer os espectadores participarem dos procedimentos, tanto em casa quanto no estúdio, descobriram o valor da participação do público. Os produtores de anúncios publicados em mídia impressa, por sua vez, têm de inventar métodos para atrair o olhar e a atenção do leitor de maneira compatível com a forma impressa. Para este fim, volta e meia se empregam charadas visuais, criptogramas, questionários, testes de memória e mecanismos provocantes. |
|---|---|

As técnicas contemporâneas de publicidade, que resultam de experimentos e descobertas nos campos da psicologia, da arte e da ciência, podem sugerir muitas possibilidades. Uma das grandes contribuições ao pensamento visual foi a invenção da colagem.
A colagem e a montagem nos permitem mostrar, na forma de uma única imagem, objetos ou ideias que aparentemente não têm relação entre si; habilitam o designer a indicar eventos ou cenas simultâneos que, por meio de métodos mais convencionais, resultariam numa série de figuras isoladas. A compactação da mensagem complexa numa imagem única permite que o espectador concentre prontamente sua atenção na mensagem do anunciante.

Por mais que pareça contemporâneo, o conceito de simultaneidade nos conduz de volta à China antiga. Os chineses, cientes da necessidade de expressar ações simultâneas ou múltiplos eventos numa única imagem, criaram uma forma de projeção oblíqua. Também criaram um meio para mostrar um objeto atrás, acima ou abaixo de outro através da livre disposição de elementos numa composição, desconsiderando por completo as ilusões da perspectiva visual. Tratava-se essencialmente de um método para formalizar ou "neutralizar" o objeto. Era uma transformação que resultava em arranjos formais, não em ilustrações convencionais. Em certo sentido, a montagem e a colagem são arranjos visuais integrados no espaço; noutro sentido, são testes visuais interessantes que o espectador pode perceber e decifrar por si mesmo. Ele pode, assim, participar diretamente do processo criativo.

Anúncio em revista
multicolorido
1946

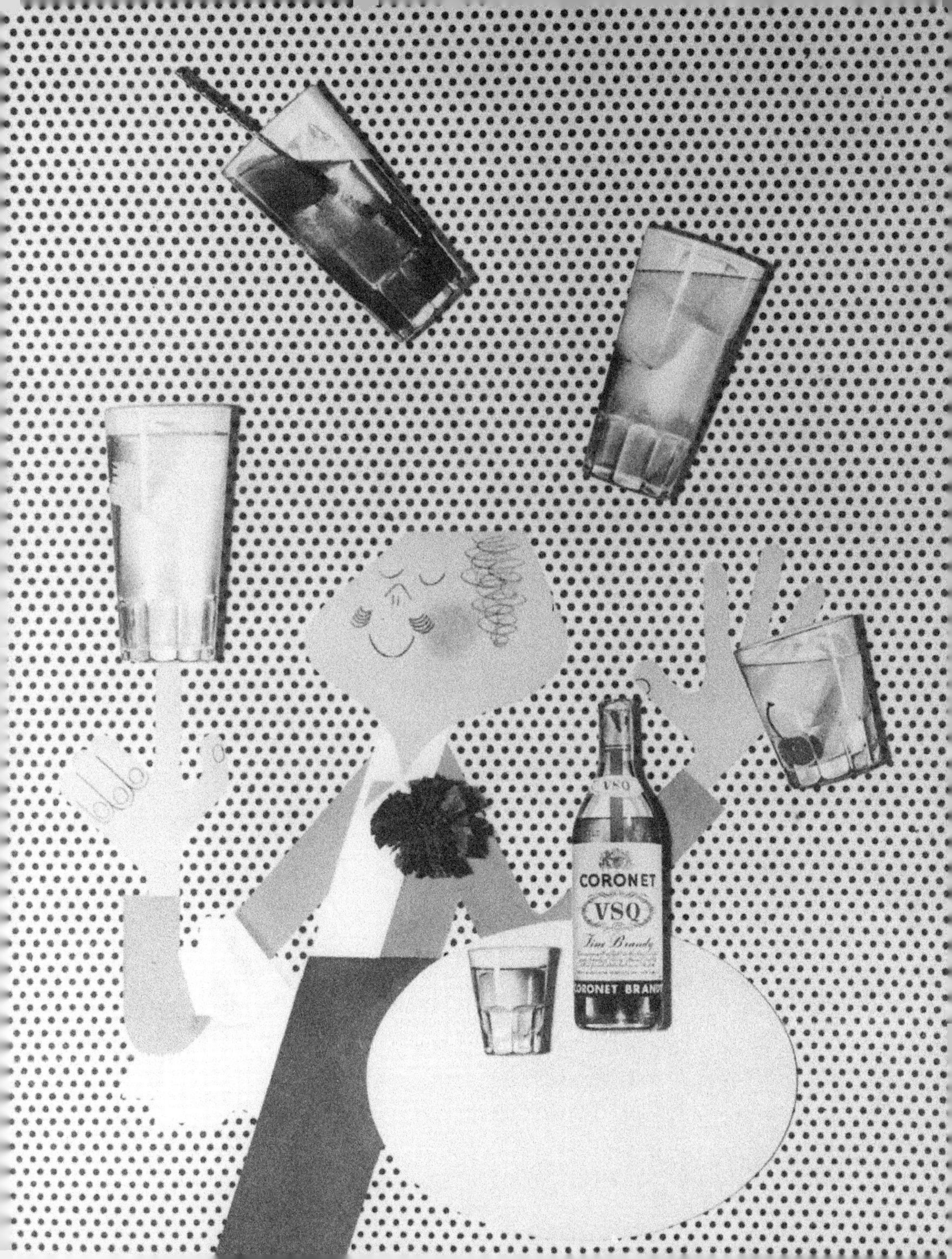

CORONET
VSQ
Fine Brandy

N                                                                                       S

Pôster
multicolorido, *Apparel Arts*
1940

Anúncio em revista
multicolorido, Olivetti
1953

**THOMAS ERSKINE on the Advantages of Free Speech**

When men can freely communicate their thoughts and their sufferings, real or imaginary, their passions spend themselves in air, like gunpowder scattered upon the surface; but pent up by terrors, they work unseen, burst forth in a moment, and destroy everything in their course.

(Rex v. Paine, 1792)

Anúncio em revista
multicolorido, Container
Corporation
1954

Anúncio em revista
multicolorido, montagem
1964

Capa de revista
vermelho e preto
1939

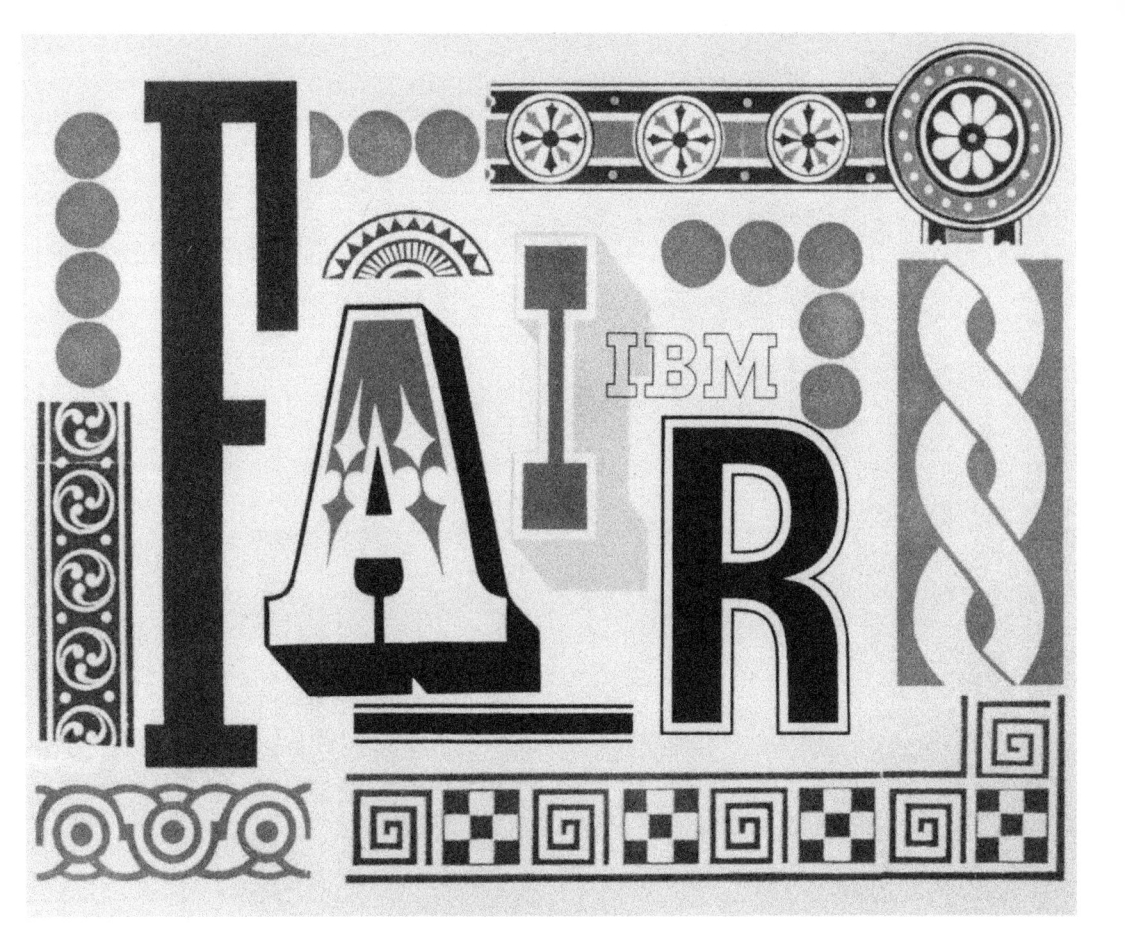

Design para capa
multicolorido, IBM
1964

A ideia do fotograma ou fotografia sem câmera remonta ao século XVIII. Em nossa época, os pioneiros da fotografia sem câmera foram Man Ray na França, Lissitzky na Rússia e Moholy-Nagy na Alemanha. Um dos primeiros a aplicar essa técnica à arte publicitária foi o construtivista El Lissitzky, que, em 1924, desenhou um pôster para a Pelican Inks. Picasso, em data posterior, também fez uso do fotograma. A publicidade ainda está para explorar o fotograma em sua plenitude.

Embora a eficácia do fotograma dependa sobretudo de métodos simples e mecânicos (incidência de luz sobre papel fotossensível), esse suporte oferece ao designer amplas oportunidades de controle manual e estético. Em certo sentido, ele não é uma imagem do objeto, mas o objeto em si; e, como a fotografia estroboscópica, possibilita a figuração do movimento contínuo. Embora alguns de seus efeitos possam ser obtidos de forma aproximada com canetas, pincéis ou tesouras, a qualidade intrínseca das sutis modulações de luz só pode ser alcançada por meio do fotograma. As fotografias a seguir ajudam a evidenciar as diferenças qualitativas entre o fotograma e as demais técnicas.

Projeto para embalagem
fotograma e cor
1952

Sobrecapa de livro
fotograma
1943

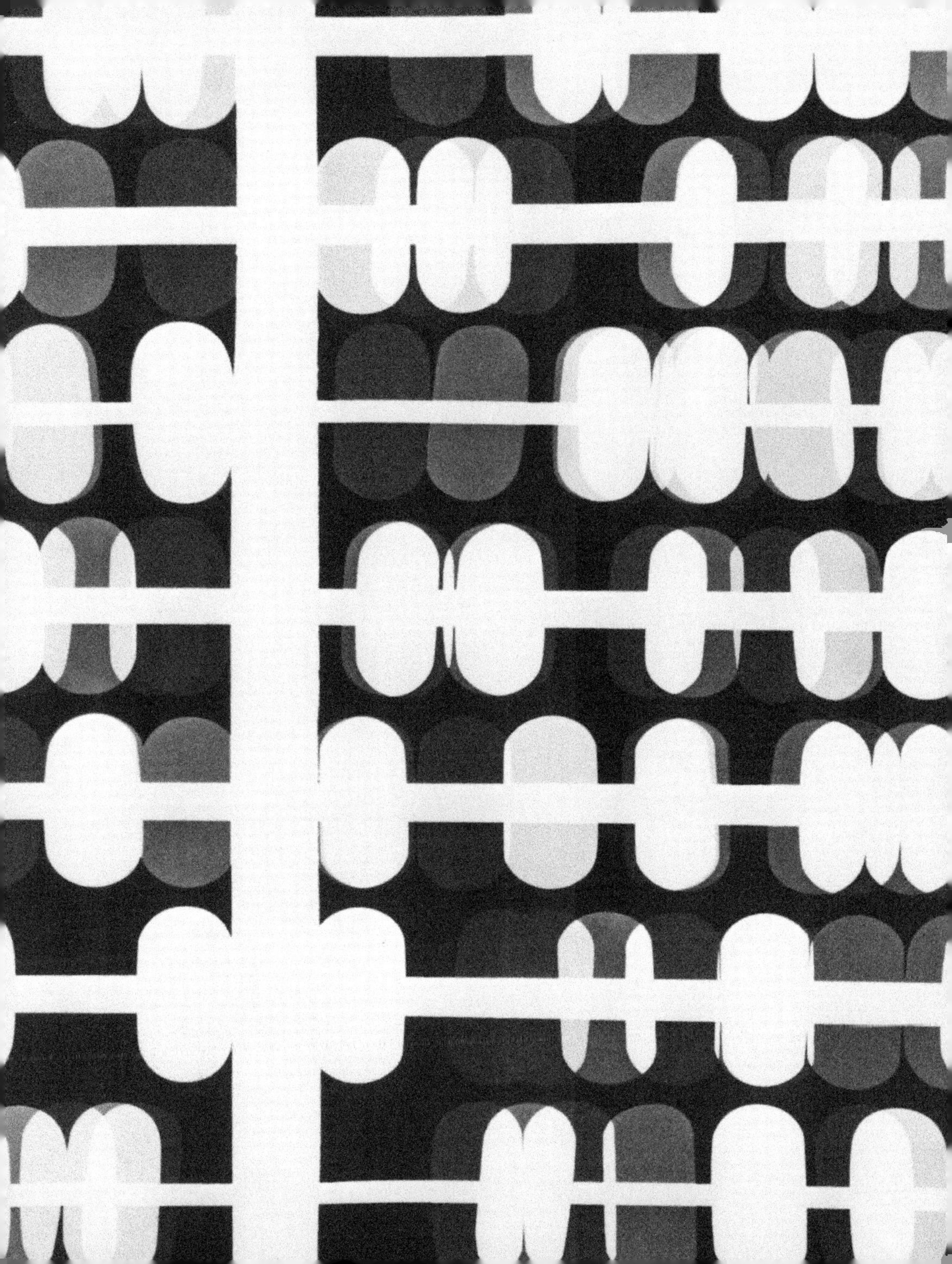

Sobrecapa de livro
azul e preto, Wittenborn & Schultz
1951

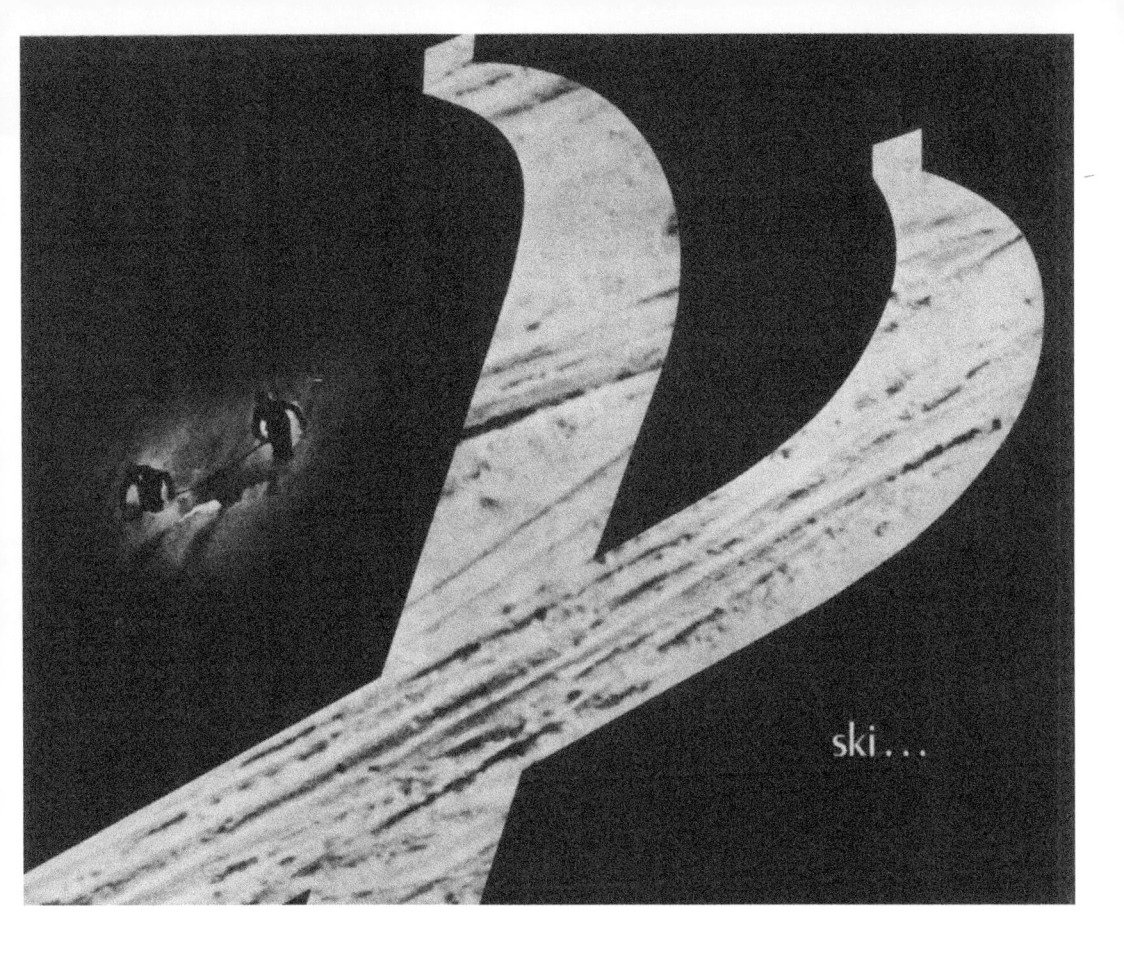

Folha de rosto
fotomontagem, *Esquire*
1938

going back to school...

Folha de rosto
preto e amarelo, *Esquire*
1939

Sobrecapa de livro
preto, vermelho, verde e marrom
1946

Sources and Resources
of 20th Century Design

June 19 to 24, 1966
The International Design
Conference in Aspen

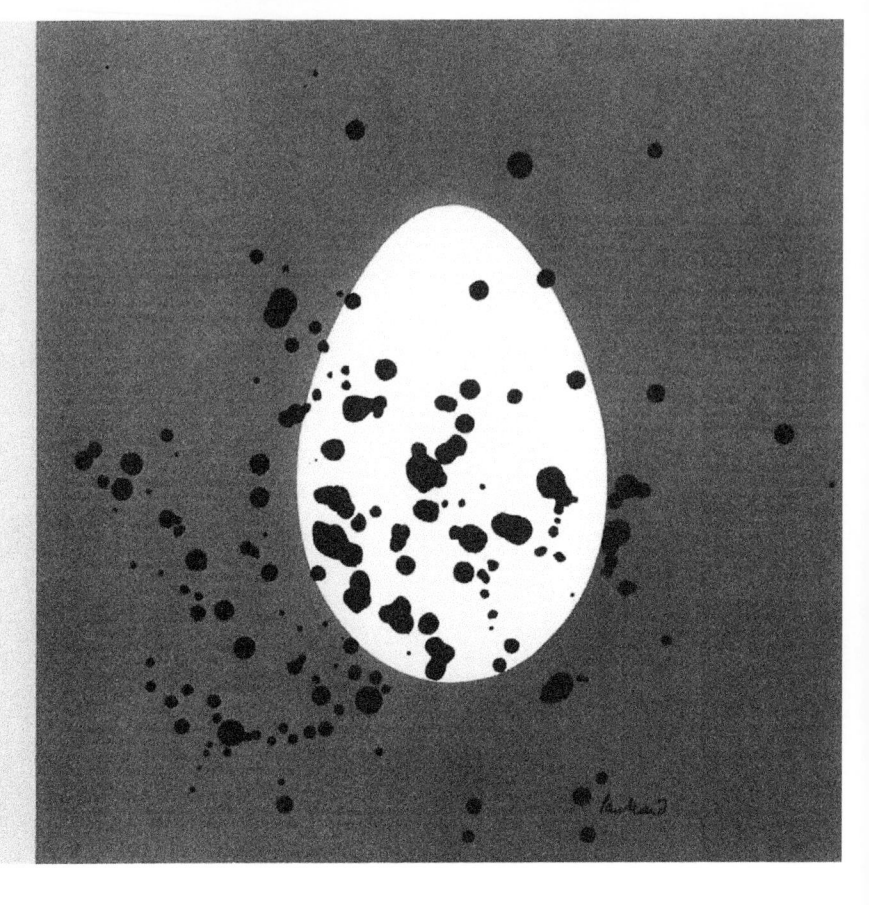

Pôster
vermelho e preto
1966

A força emocional gerada pela repetição de palavras ou imagens e as possibilidades visuais que assim se abrem (como meio de criar textura, movimento, ritmo, indicando equivalências de tempo e espaço) não devem ser subestimadas.

Estas são apenas algumas situações da vida cotidiana em que se fazem sentir os efeitos mágicos, quase hipnóticos, da repetição: o espetáculo empolgante de soldados marchando, todos com a mesma roupa, no mesmo passo e com a mesma atitude; o fascínio de canteiros bem delineados com flores de mesma cor, estrutura e textura; o espetáculo impressionante do público que assiste a um jogo de futebol americano, a uma peça de teatro, a uma manifestação pública; a satisfação que sentimos perante os padrões geométricos criados por bailarinas de balé clássico ou pelos coros dos espetáculos musicais, cujas integrantes vestem todas as mesmas roupas e fazem os mesmos movimentos; a sensação de ordem evocada por fileiras de embalagens metodicamente dispostas nas prateleiras do mercado; o efeito reconfortante da regularidade das estampas de tecidos e papéis de parede; o entusiasmo que sentimos ao ver pássaros voando em formação.

Projeto para embalagem
cereja e preto, IBM
1956

leave cancelled
by nicholas monsarrat

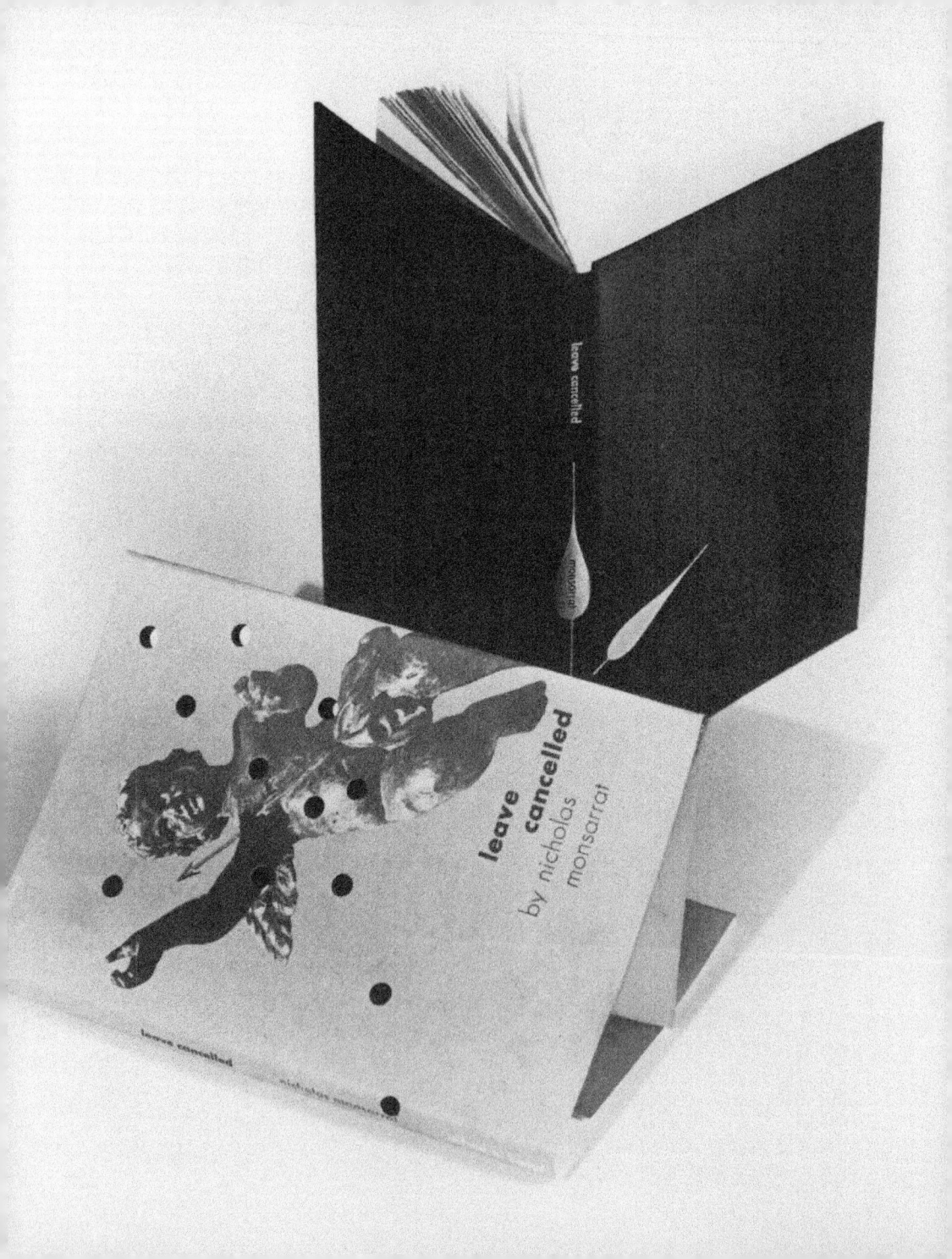

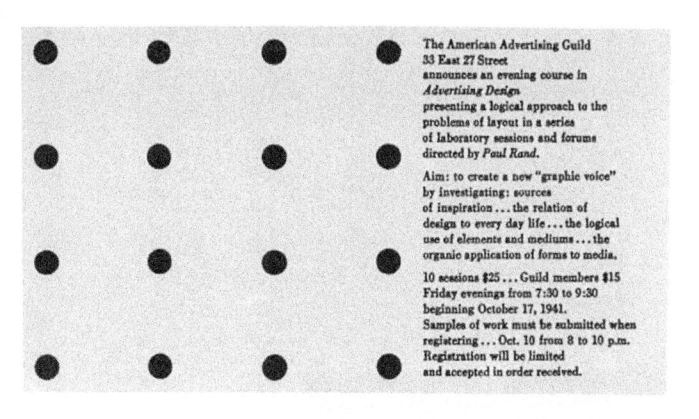

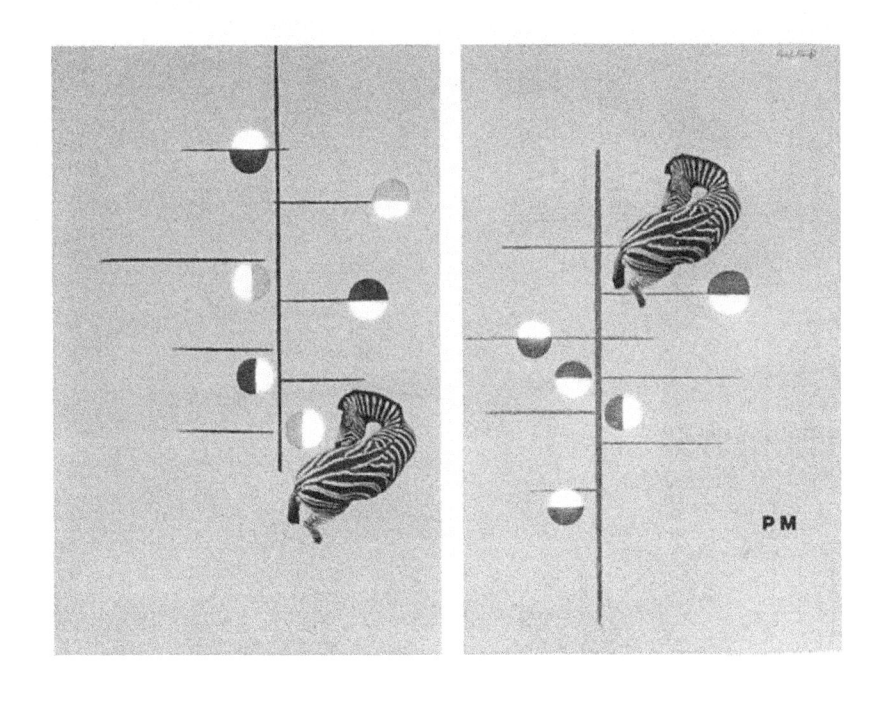

Capa e sobrecapa
rosa, verde e dourado
1945

Informe
preto e branco
1941

Capa de revista
multicolorida, *PM*
1938

Capa de brochura
multicolorida, Marinha dos Estados Unidos
1959

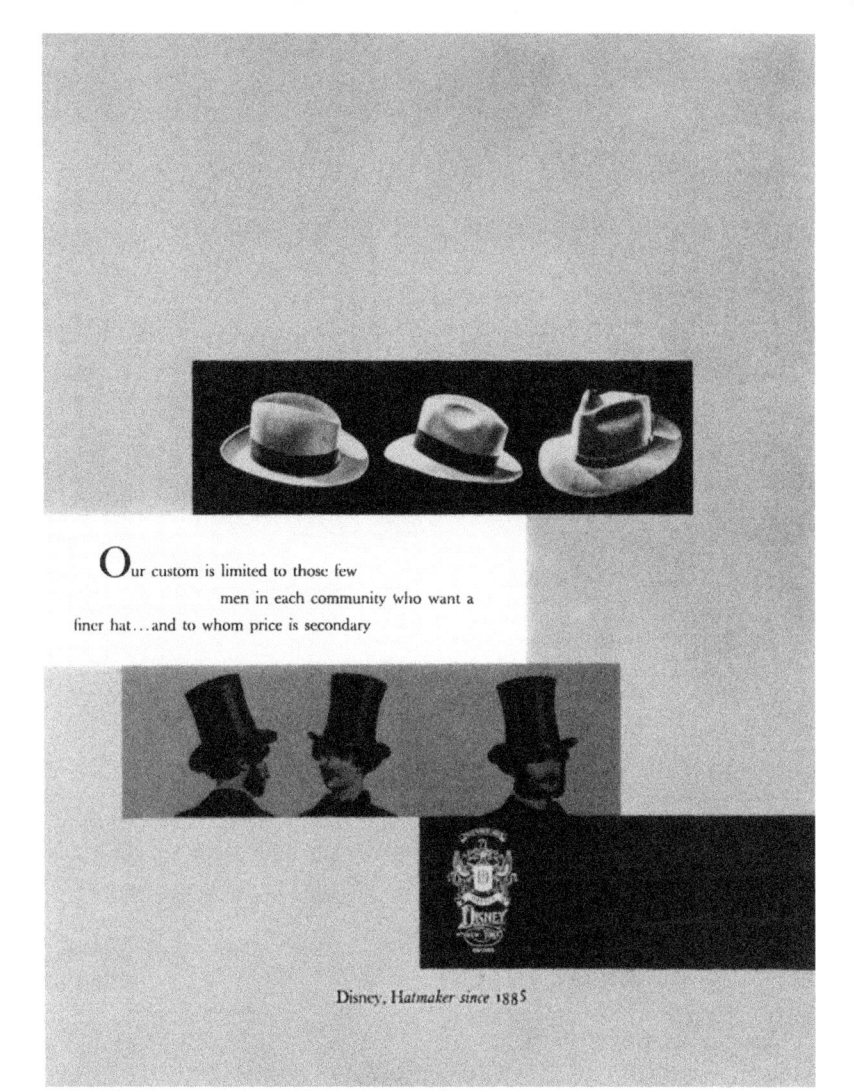

Anúncio em revista
preto e castanho-claro, Disney
1946

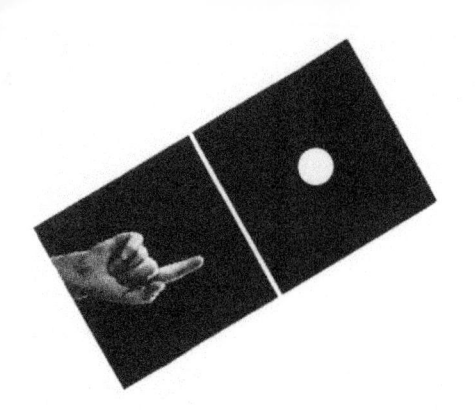

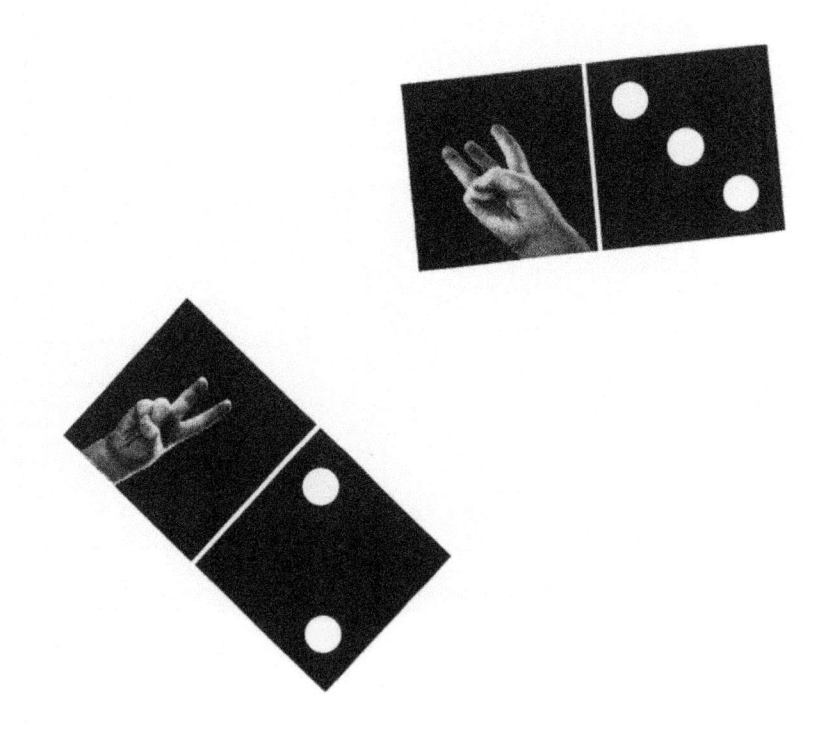

Ilustração
Laboratórios SKF
1946

Revestimento para
parede cinza e preto, IBM
1957

International
Business Machines
Corporation

Anúncio
ilustração, Westinghouse
1968

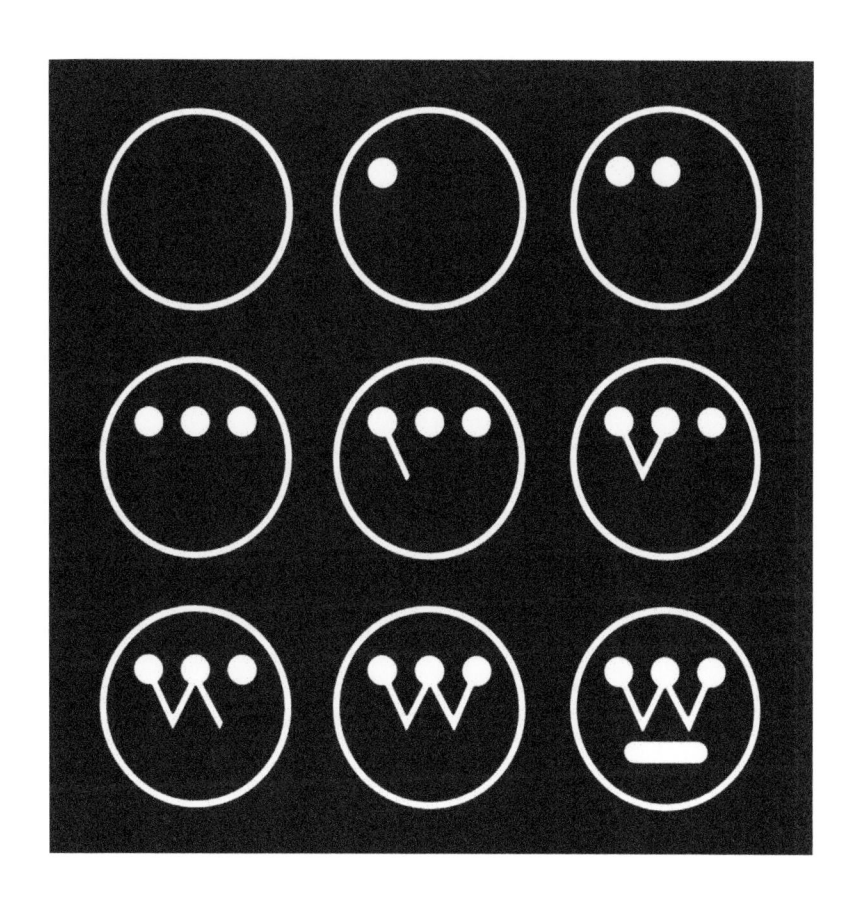

Marca comercial
Imagem para televisão, Westinghouse
1961

Anúncio em jornal
Frank H. Lee Co.
1947

Anúncio em jornal
preto e branco
1954

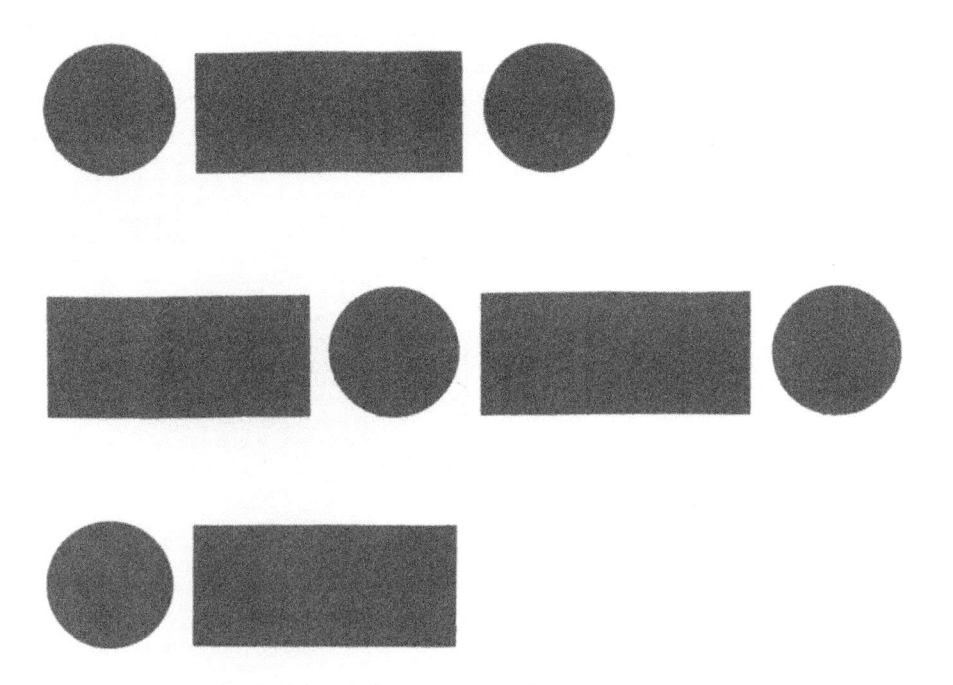

To the executives and management of the Radio Corporation of America:

Messrs. *Alexander, Anderson, Baker, Buck, Cahill, Cannon, Carter, Coe, Coffin, Dunlap, Elliott, Engstrom, Folsom, Gorin, Jolliffe, Kayes, Marek, Mills, Odorizzi, Orth, Sacks, Brig. Gen. Sarnoff, R. Sarnoff, Saxon, Seidel, Teegarden, Tuft, Watts, Weaver, Werner, Williams*

Gentlemen: An important message intended expressly for your eyes is now on its way to each one of you by special messenger.

*William H. Weintraub & Company, Inc.*    *Advertising*    *488 Madison Avenue, New York*

Ontem e hoje

As disputas que surgem entre as duas escolas de pensamento tipográfico, a tradicional e a moderna, são, ao que me parece, frutos da atribuição errônea de importância a assuntos secundários. Creio que a verdadeira diferença reside no modo como o "espaço" é interpretado: ou seja, no modo pelo qual uma imagem é colocada numa folha de papel. Questões contingentes como o uso de famílias tipográficas sem serifa, letras minúsculas, serrilhados, cores primárias etc. são, na melhor das hipóteses, variáveis que tendem somente a desviar a atenção da questão principal.

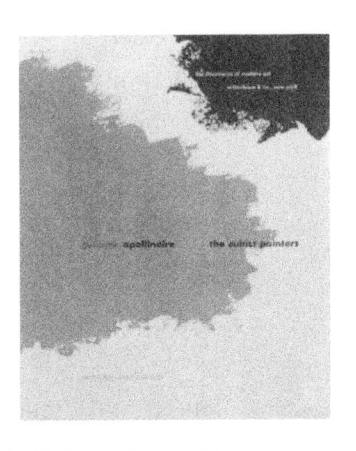

"Mas os grandes artistas originais", diz John Dewey, "incorporam neles mesmos uma tradição. Não a descartam, mas a digerem. Então, o próprio conflito entre ela e aquilo que há de novo neles mesmos e em seu ambiente cria a tensão que exige um novo modo de expressão." Compreendendo a modernidade e a tradição segundo esta perspectiva, o designer é capaz de reunir numa nova relação lógica as formas e ideias gráficas tradicionais e os "novos" conceitos modernos, baseados num ponto de vista atual. Essa união de duas forças supostamente divergentes proporciona condições que conduzem a experiências visuais originais e interessantes.

Na publicidade, muitas vezes nos vemos diante do problema de transmitir a ideia de antiguidade. Nos exemplos a seguir, "ornamentos" tradicionais são combinados com formas geométricas para estabelecer novas relações. Essa transição do velho para o novo pode ser realizada quando esses esquemas familiares e conhecidos são organizados de modo surpreendente:

Capa de livro
vermelho e amarelo, Wittenborn & Schultz
1944

Design de rótulos
multicolorido, Schenley
1942

SCHENLE
CLUB
Distilled London dry Gin
DISTILLED
AMERICAN GRAINS
SCHENLEY
94.8
Distilled
London Dry
GIN

Forma e expressão tipográfica

Um dos objetivos do designer que lida com texto impresso é a legibilidade. Infelizmente, essa função é muitas vezes superenfatizada à custa do estilo, da individualidade e da própria eficácia da peça impressa.

Dispondo cuidadosamente as manchas, os espaçamentos, o tamanho e a "cor" das letras, o tipógrafo é capaz de dar à página impressa uma qualidade que ajuda a dramatizar o conteúdo. É capaz de traduzir o texto em padrões táteis. Concentrando a mancha e enfatizando a margem (espaço em branco), ele pode reforçar, por contraste, a textura das letras. O efeito resultante no leitor pode ser comparado à sensação produzida pelo contato físico com os tipos de metal.

Capa e sobrecapa de livro
castanho-claro e preto, Alfred Knopf
1945

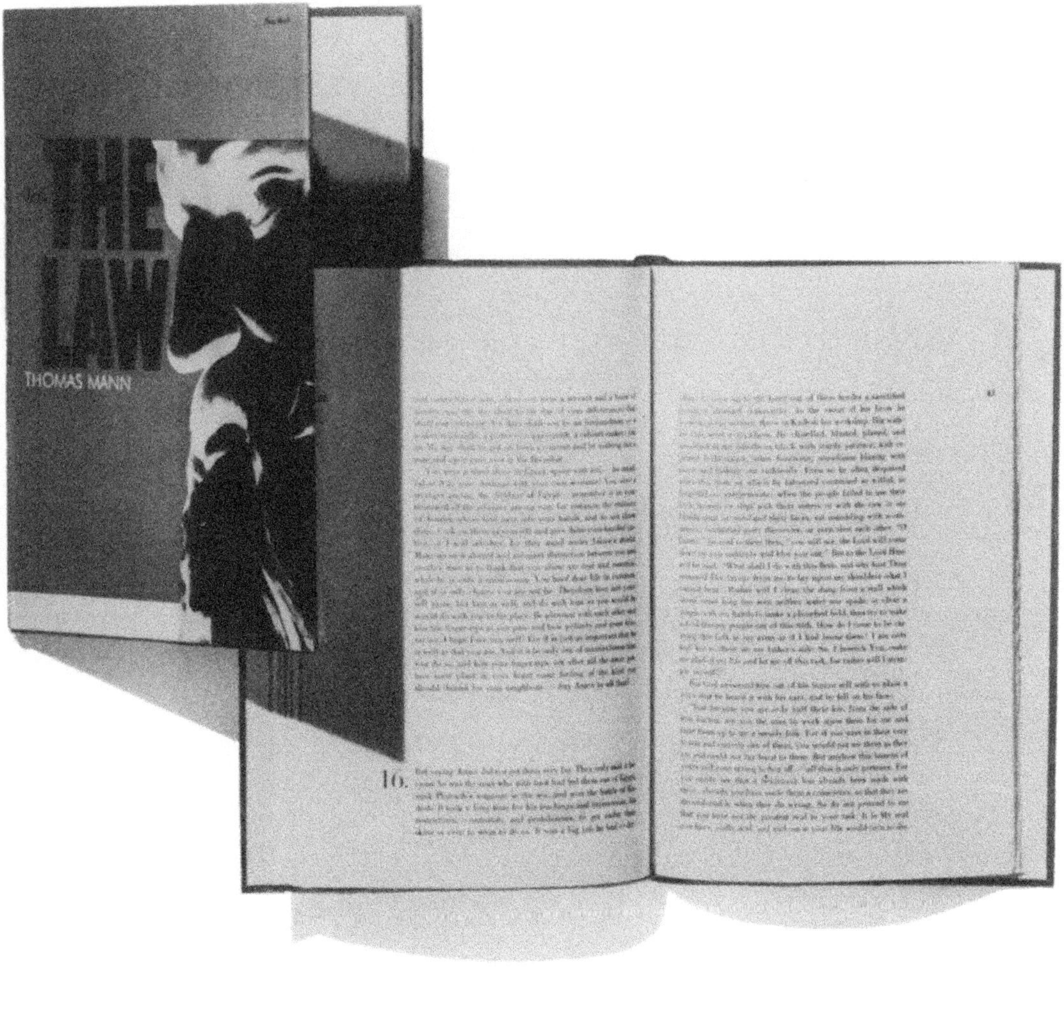
THE
LAW
THOMAS MANN

... Ordenando seu espaço e distribuindo seu material tipográfico e seus símbolos, ele é capaz de predeterminar, em certa medida, os movimentos do olhar do espectador.

Flyer
multicolorido, Westvaco
1968

Livro infantil
*I Know a Lot of Things*, Harcourt Brace
1956

Oh
I know
such
a
lot
of
things,
but
as
I
grow
I know
I'll
know
much
more.

1. Roger Fry, *Last Lectures*.

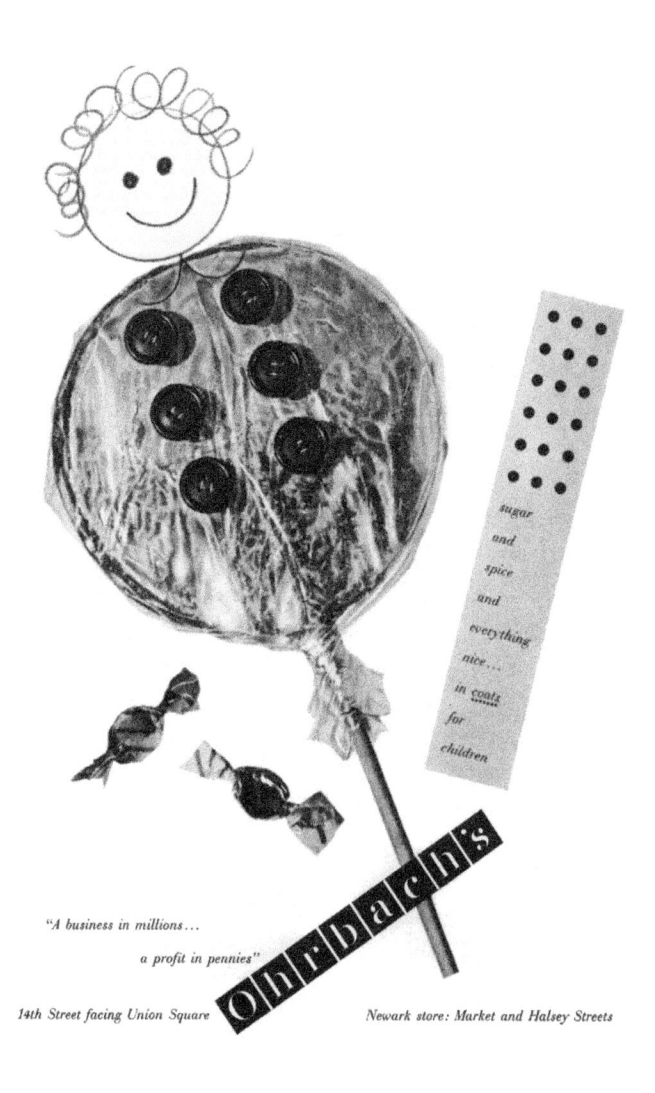

... Com um equilíbrio assimétrico, ele é capaz de suscitar mais interesse no leitor. A simetria bilateral oferece ao espectador uma declaração por demais simples e óbvia. Oferece-lhe pouco ou nenhum prazer intelectual, nenhum desafio. O prazer que vem da observação de composições assimétricas reside parcialmente na superação de resistências que, conscientemente ou não, o espectador tem em sua própria mente. Assim, ele adquire alguma medida de satisfação estética. (Para uma discussão mais abrangente desse assunto segundo essa perspectiva, leia o ensaio "Sensibility", de Roger Fry[1].)

Com frequência, uma família tipográfica que às vezes se considera ser dotada de *personalidade* é meramente bizarra, excêntrica, nostálgica ou apenas prosaica.

Distorcer as letras do alfabeto "segundo o estilo" da caligrafia chinesa pelo simples fato de o tema ter relação com o Oriente é criar o equivalente tipográfico de uma ilustração batida e piegas. Imitar nas letras um estilo xilográfico para "combinar" com uma xilogravura, usar negrito para "harmonizar" com máquinas pesadas etc. é pensar por meio de clichês. O designer que assim procede não percebeu as possibilidades animadoras inerentes ao contraste entre imagem e texto. Em vez de combinar uma xilogravura com uma família tipográfica de "estilo xilográfico" (Neuland), seria melhor escolher um design mais clássico (Caslon, Bodoni ou Helvética) para garantir o elemento-
-surpresa e acentuar, por contraste, a forma e o caráter tanto do texto quanto da imagem.

Logotipo
Cresta Blanca Wine Co.
1942

Neste logotipo para o vinho Cresta Blanca (produto que, em regra, poderia sugerir um estilo tipográfico mais convencional, Didot ou Spencerian, para evocar uma sensação de nobreza e pedigree), letras simples e sem serifa, em negrito, são associadas com delicados desenhos lineares. Esse contraste revitaliza – dá novo sentido a – imagens familiares:

Anúncio em jornal
preto e branco, Ohrbach's
1946

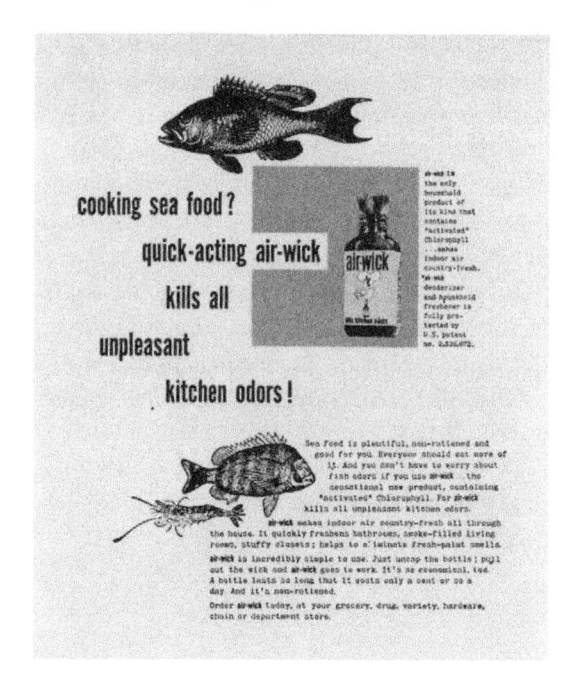

Contrastando a tipografia e as imagens, o designer é capaz de criar novas combinações e fazer surgir novos significados. No anúncio de jornal da Air-Wick, por exemplo, o velho e o novo são postos em harmonia. Esse efeito é obtido contrastando-se dois temas que aparentemente não têm relação entre si – xilogravuras do século XIX e a tipografia das máquinas de escrever do século XX. O espaço em branco ao redor ajuda a separar o anúncio dos de seus concorrentes, cria uma ilusão de maior tamanho por polegada quadrada e produz uma sensação de limpeza e frescor.

... A letra isolada constitui um meio de expressão visual que outros tipos de imagens não são capazes de recriar com exatidão. As letras, na forma de marcas comerciais, sinetes e monogramas – em formulários comerciais, marcas de identificação, blusas esportivas e até lenços –, possuem uma qualidade mágica. Não servem somente como símbolos de status, mas têm também a virtude da brevidade.

Anúncio em jornal
Seeman Brothers
1944

Capa de revista
preto e branco, *Direction*
1945

# DIRECTION

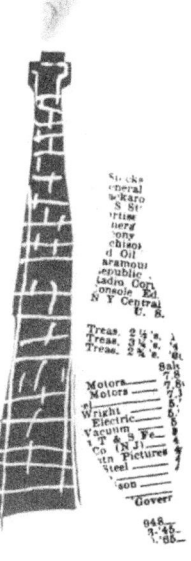

Vol 4 #3
March '41
15¢

Capa de revista
preto e vermelho, *Direction*
1941

Pôster, multicolorido
Advertising Typographers Association
1965

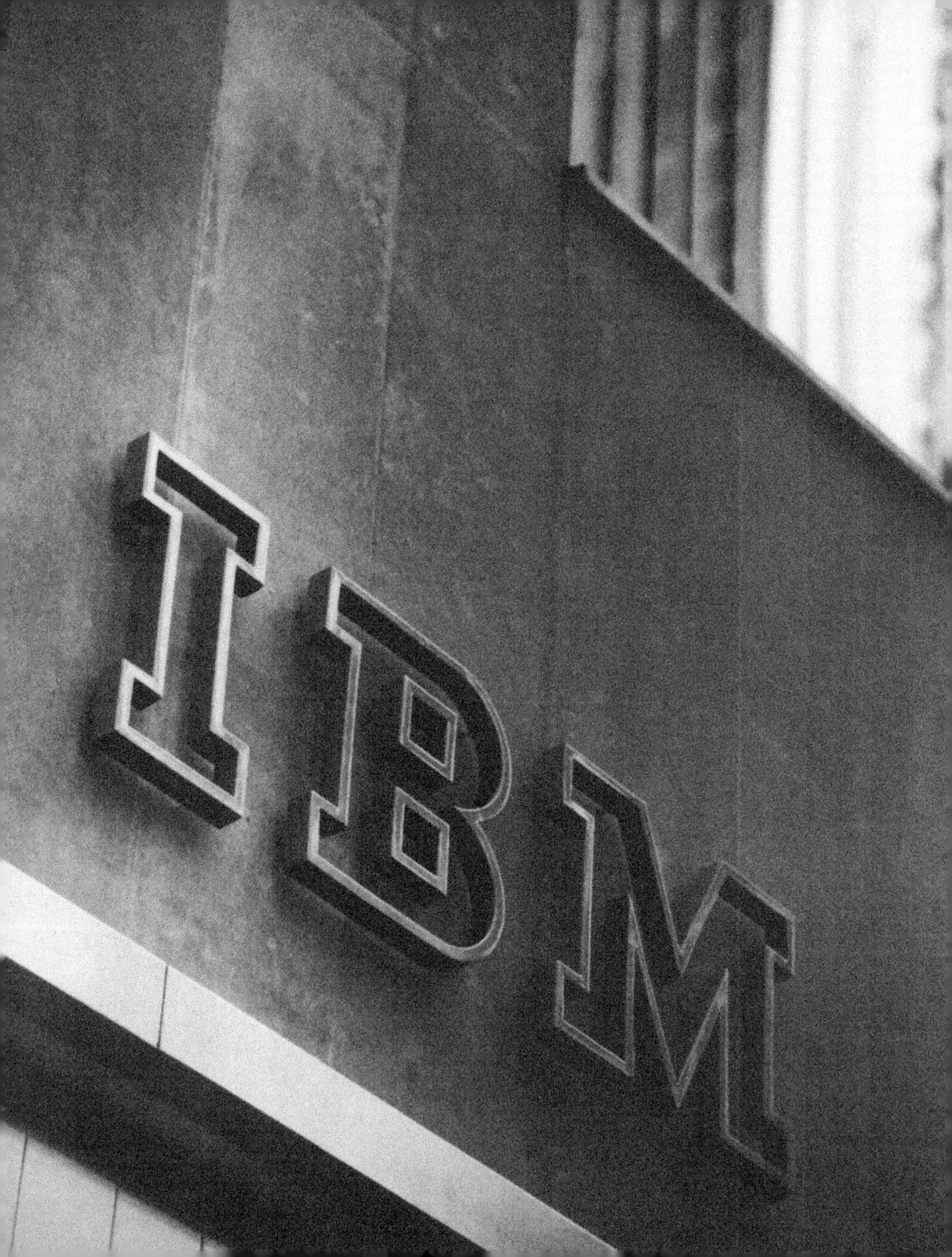
IBM

Letreiro comercial
alumínio
1957

Capa de revista
preto e rosa, *AD Magazine*
1941

abcdefghijklmnopqrstuvwxyz st
ABCDEFGHIJKLMNOPQRSTUVWXYZ
1234567890$¢ &!?.,:;-—"",'( )

Design de alfabeto
Westinghouse
1961

Embalagens de lâmpadas
azul e branco, Westinghouse
1968

**100**

extra
life*
bulbs

extra
life*
light
bulbs

extra
life*
light
bulbs

**100**

watt

Marca comercial
United Parcel Service
1961

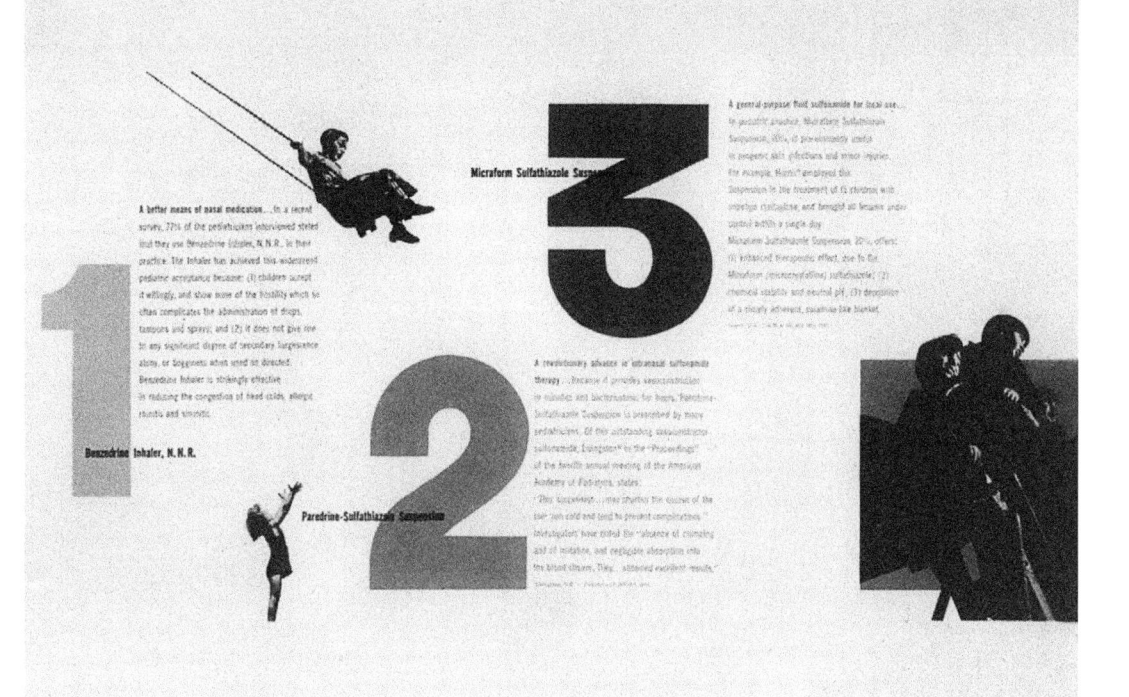

... O numeral como meio de expressão possui virtudes muito parecidas com as das letras. Também pode funcionar como um equivalente visual do tempo, do espaço, da posição e da quantidade; e pode ajudar a dar à obra impressa uma sensação de ritmo e atualidade.

Fôlder
multicolorido, laboratórios SKF
1945

# design 63

Pôster, castanho-claro e branco
N.Y. Art Directors Club
1963

... Os sinais de pontuação, enquanto símbolos emotivos e plásticos, servem como meios de expressão aos artistas não somente nas artes aplicadas, mas também na pintura.

Capa de revista
*Direction*
1940

Coca, majurave, aos fazendeiros, o primeiro arado que, jamais, viram. No futuro, as refeições, destes fazendeiros, serão melhores.

**Os Homens:**

Estes variados planos que dizem respeito à saude, reconstrução e alimentação, são orientados por homens competentes, cujas funções variam, desde as negociações com o governo, até a edificação de hospitais de seis andares, desde da montagem de mosquiteiros à organização da indústria da fibra; desde o trabalho de exterminar ratos, por meio de longa-chamas, à construção de acampamentos para trabalhadores.

Os Homens, que realizam este mister, devem saber como enfrentar terremotos, incêndios, enchentes, secas, cobras, pulgas, piralas venenosas, peixes elétricos, vampiros, formigas carnívoras . . . e a propaganda nazista.

Entre estes profissionais, se encontram diplomatas, contadores, sanitaristas, economistas, engenheiros sanitaristas, especialistas em medicina tropical, enfermeiros e fazendeiros, cujo objetivo é proporcionar um padrão de vida mais elevado, para todas as Américas.

Em uma palavra, o objetivo, destes pioneiros e colaboradores, é estabelecer ambiente social em que o simples cidadão, entoda as horas palavras, possa conseguir uma refeição substancial, quando faminto, e cuidado médico, quando doente, sim, um ambiente social em que todos vivamos uma vida digna de ser vivida. **O Homem, Quanto Vale?**

...Para nós, nas vinte e uma repúblicas da América, êle vale tudo !

Livreto
vermelho, preto e verde, governo dos Estados Unidos
1943

Naqueles casos em que os apelos básicos da comunicação visual podem ser interpretados de modo mais vívido e sugestivo pelo abandono da abordagem literal, é isso que cabe ao artista fazer. Se ele os traduzir numa mensagem visual que seja não só atraente e persuasiva, mas também imaginativa, divertida e dramática, ele cumpriu seu dever para com o público; e talvez tenha também cumprido uma obrigação definida por padrões mais pessoais.

Mesmo que seja verdade que o homem comum se sente mais à vontade com aquilo que lhe é conhecido e familiar, também é verdade que atender às exigências desse mau gosto que tão prontamente atribuímos ao leitor médio só faz perpetuar a mediocridade e negar ao leitor um dos meios mais facilmente acessíveis para seu desenvolvimento estético e, no fim, para seu prazer.

Sobrecapa de livro
preto e rosa, Alfred Knopf
1945